U0815421

TopBook
饕书客

一个人，遇见一本书

浅井建尔（日）

杨晓钟 杨 雯·译 赵 翩·校译

ほんとうは怖い

京都怪奇物语

TopBook 鬐书客 陕西新华出版传媒集团 陕西人民出版社

图书在版编目(CIP)数据

京都怪奇物语 / (日) 浅井建尔著; 杨晓钟, 杨雯译. -西安: 陕西人民出版社, 2020.9
ISBN 978-7-224-13632-6

Ⅰ. ①京… Ⅱ. ①浅… ②杨… ③杨… Ⅲ. ①地名—介绍—京都 Ⅳ. ①K931.3

中国版本图书馆 CIP 数据核字(2020)第 087335 号

著作权合同登记号 图字: 25-2020-097
HONTOU WA KOWAI KYOTO NO CHIMEI SANPO
Copyright © 2016 by Kenji ASAI
Interior illustrations by Masanobu HAYASHI
First published in Japan in 2016 by PHP Institute, Inc.
Simplified Chinese translation rights arranged with PHP Institute, Inc.
Through Bardon-Chinese Media Agency

京都怪奇物语

作　　者　(日)浅井建尔
译　　者　杨晓钟　杨　雯
校　　译　赵　翻
出版发行　陕西新华出版传媒集团　陕西人民出版社
　　　　　(西安北大街 147 号　邮编: 710003)
印　　刷　陕西龙山海天艺术印务有限公司
开　　本　787mm×1092mm　32 开
印　　张　5.5 印张
字　　数　75 千字
版　　次　2020 年 9 月第 1 版
印　　次　2020 年 9 月第 1 次印刷
书　　号　ISBN 978-7-224-13632-6
定　　价　48.00 元

如有印装质量问题，请与本社联系调换。电话: 029—87205094

前言

“对了，去京都吧！”这是日本铁路公司 JR 东海分公司为了推广京都观光而制作的一则广告。从1993 年开始，这则广告只字未改，沿用至今。究其原因，大概是因为这六个字浓缩了京都的魅力。当人们寻思着要到什么地方去旅行时，相信很多人的脑海中会率先浮现出京都。

京都是一座享有盛誉的国际化观光城市。美国著名旅游杂志《旅游与休闲》（*Travel+Leisure*）2015 年发表的世界人气都市排行榜中，京都市继 2014 年后再次折桂。

京都正是这样一个让人着迷的城市。

在这里，王朝文化曾经繁荣兴盛，贵族阶层为过上雅致生活创造了独有的生活方式。大多数人对京都留有“繁华都市”的印象，其实，京都还有令人脊背发凉的“恐怖”的一面。

从平安时代直到明治时期，京都饱受战火摧残。在权力斗争中败下阵来的贵族及武士被无情地处以极刑。流经京都中心区域的鸭川，虽然现在已成为市民们喜爱的休憩之所，然而鸭川河畔原本是弃尸之地，曾有无数死于非命者的尸体被丢弃在这里。这些人的冤魂化为恶灵徘徊于鸭川两岸，引得天地间异象丛生。妖魔鬼怪出没于大街小巷，袭击人类。彼时的京都，是一个令天皇、贵族都感到非常恐惧的地方。

在那个荒蛮时代，疫病蔓延肆虐，干旱和饥饿折磨着京都的人们。平安京的正门叫罗城门，芥川龙之介的小说《罗生门》中描述道：乱世之中，罗城门下成为盗贼的藏身之所，周围也成了抛弃尸体的地方。有些无法无天之人从尸体上剥下衣物，更有甚者，将尸体的头发一根一根拔下来。饥饿的人靠出售从尸体上剥下来的衣物和毛发来贴补家用。不仅在罗城门一带，京都的大街小巷都流传着令人毛骨悚然的传说。

走访著名的寺庙神社无疑是在京都旅行的一大乐趣，但在我看来，探寻那些散布于背街小巷的无名神社寺庙才能体会京都旅行的精髓。

京都有许多奇妙得令人不可思议的地名，这正是京都充满了历史元素的最好证明。这些地名之中大多都藏有恐怖的传说。怀着由地名引发的无尽想象前去探访，常常会有意想不到的发现。这才是漫步于京都的乐趣所在，也是京都的价值所在。

本书的印刷出版得到了 PHP 研究所的《京都幸福俱乐部》副主编田中叶子女士的极大帮助。借此向田中女士表示谢意。

浅井建尔

二〇一六年六月

目录

第一章

充满谜团的京都地名

京都最繁华的新京极路，居然曾经是魔界！

作为国际化的观光城市，每年有大量的游客从世界各地来到京都。众所周知，京都是在平安京的基础上发展而来的。平安京是桓武天皇①于 794 年（延历十三年），模仿中国的唐长安城和洛阳城设计建造的都城。南北贯穿都城中央的朱雀大路将整个都城分为右京和左京，东西 39 条、南北 33 条大小街道将都城整齐划分为棋盘模样。

---

① 桓武天皇：781—806 年在位，日本第五十代天皇。

现在的京都市区和平安京的道路规划并非完全一致，但是仍然处处可见平安京的影子。平安京最东边贯穿南北的道路古称“东京极大路”，意为“平安京最东极端的道路”。“极端”包含有“界限”“分界”“尽头”“极限”等意思。也就是说东京极大路是平安京东边的尽头。这条所谓东方尽头的东京极大路也被称为人间和魔界的分界线。东京极大路之外是死于非命的人的怨灵、妖魔鬼怪生活的魔界，非常恐怖，人人避之唯恐不及。

平安京时代的东京极大路，就是现在的寺町路。寺町路得名于丰臣秀吉的都市改造计划。为了构筑京都的防御系统，丰臣秀吉将散布于京都市内的寺院都集中在平安京东端的东京极大路上。沿着丰臣秀吉建成的御土居，寺院连绵而聚。

到了江户时代，天下太平，寺町护卫京都的职能渐渐弱化。于是，寺院宽阔的院内建起了许多戏台，作为节日祭祀的舞台向民众开放。一时间游人如织，好不热闹。然而到了明治时代，首都迁往东京，京都开始失去活力，渐渐衰退。时任京都府参事的槙村正直无法坐视京都如此颓废下去，为了再现昔日的繁华，他将目光投向在祭祀节日里熙熙攘攘的宽阔的寺院庭院。

槙村参事于1872年(明治五年)征收了寺院用地，计划建设一座庞大的娱乐街区，那便是新京极路。日后这条新京极路发展成为京都最繁华的街区，和东京的浅草(现在的歌舞伎町)、大阪的千日前并称为“日本三大闹市区”。新京极路是从三条路到四条路全长不过500米的商店街，这条街上餐厅和特产杂货店、时尚洋装店、休闲娱乐中心等鳞次栉比，成为备受游客们喜爱的观光地。

新京极路沿着寺町路东侧南北延伸，也就是说，它是建在以往因妖魔鬼怪出没而人人自危的魔界之上的一条商业街。

实际上，现在作为市民休闲散步之地的鸭川也曾经是流经魔界的阴森之河。那时的鸭川河畔被用来抛弃无人认领的死尸。平安京遭遇天灾，或是疫病流行的时候，鸭川河畔就会堆起高高的尸堆。由于鸭川的水流高低落差很大，大雨时常常泛滥，两岸的尸体便会顺着水流漂向下游。虽说尸体随水漂走对当地人来说是一件好事，然而并不能解决根本问题，这一批尸体被冲走，新的弃尸又会出现，尸臭引来一群群前来叼食的乌鸦，和前来剥取尸体上衣物的宵小之辈。

鸭川河畔也是曾经的行刑之所。在权力斗争中败下阵来的贵族、武士以及罪犯们大都是在鸭川河畔被处以极刑。在此遭到斩首的人不计其数，他们的尸体化为白骨四处散落。这样令人战栗的过往，不知如今在鸭川河边喁喁私语的年轻情侣们是否知晓?!

如今夏天一到，鸭川河畔的酒楼茶肆纷纷在室外搭起露天的纳凉台，供食客们恣意享受。清澈的河水波光明媚，让造访此地的人们心情愉悦。谁能想起那样恐怖的过往呢?

平安京中心曾经卒塔婆①林立

平安京之所以建造在如今这个位置，并非单纯是因为这里正好有一大片平地。784 年(延历三年)，日本首都由平城京②迁到长冈京③，但自此天灾人祸

---

① 卒塔婆：为了供养、追福而立在坟墓等处，上书梵文及经文的塔形细长木牌。

② 平城京：日本奈良时代的京城，在今日本奈良市西郊。

③ 长冈京：位于今日本京都市西南部。

接连不断。由此，长冈京被认为是不祥之地，无法作为天皇的居所。于是，迁都不到十年，就决定由长冈京再次迁都至平安京。

新的宫城具体建在何处，其决策过程是非常慎重的。在这一过程中借鉴了中国的风水思想。根据风水之说，京都盆地的北部被认为是“四神相应”之地。所谓“四神相应”，是指就一片土地的地相来说，其四个方向分别适合四位守护神(圣兽)生存。传说圣兽只会分别住在具有某种特征的地方，受四方圣兽守护的都城一定会繁荣平安，住在那里的人也将得到幸福。

青龙栖息的东方有水流丰富的鸭川，白虎栖息的西方有山阴道大路，朱雀栖息的南面洼地有巨椋池(现已干涸消失)，北边的船冈山则住着玄武。平安京便是由这些圣兽保护的。最受重视的是联结玄武栖息的船冈山和朱雀栖息的巨椋池的南北一线，特别是船冈山被作为建造平安京的基准点。这是因为船冈山虽然只是一座百十米高的小丘，但自古以来便被认为是神灵降临之地，被视为灵山加以崇拜。船冈山上栖息着灵蛇缠绕龟身形象的圣兽玄武，山顶至今还留有曾经在其上举行过祭祀的神石。

船冈山是可以俯瞰平安京的风景绝佳之地，现在也是“五山送火”①的观赏点之一。平安时代，船冈山作为贵族们常常踏足之地，曾举行过“子日之游”。所谓“子日之游”，是指在每年正月的第一个子日登上船冈山，采摘叶菜，挖小松树，以祈求长寿，后来演变为游玩享乐之事。船冈山是平安京风光最美好的地方，许多和歌诗人曾以其为题创作和歌。清少纳言也在《枕草子》中赞道：“冈唯船冈最美。”

“大内里”（宫城）可谓平安京的心脏，它被设置在船冈山的南麓。从大内里的正门朱雀门到平安京的正门罗城门之间修建了朱雀大路。朱雀大路贯穿平安京南北，是一条宽达 85 米的中心大道。

然而到了平安时代后期，平安京变得荒凉破败，船冈山周边也成为风葬之地。许多尸体被随意丢弃，暴露在外。曾经因神灵降临而受人崇拜的船冈山，不知从何时开始变成了刑场。因此，船冈山从为人熟知的风景优美的游赏胜地，变为死于非命的怨灵徘徊出没的可怖之地。

从船冈山南麓一直向南延伸的朱雀大路，自今

---

① 五山送火：在环绕日本京都市的各山上点燃篝火的仪式。是每年 8 月京都各项仪式中最为壮观的一项仪式。

出川路以南便是现在的千本路。由于当时死者常被通过此路运往周边的坟场，因此，千本路两旁竖满了祭奠死者用的卒塔婆。所谓千本路，其地名据说就来自道路两旁插有多达数千根卒塔婆的景象。

即便如此，想到平安京的中心街道朱雀大路，曾经那么繁华雅致，却在历经变迁后成为风葬之地，着实让人难以置信。这是京都不为人所知的可怕一面。

西院曾有“三涂河滩”吗？

西大路南北贯穿京都市中心城区，位于城区西部，它与四条路交叉点的地下是阪急电铁京都线的西院站，日语读作“sai-inn”，这也是车站周边区域的名称。但是，在其附近的京福电铁岚山本线的西院站，读音却不是“sai-inn”而是“sai”。汉字相同但读法却不同这一点，让很多人感到疑惑。

一般来说，将西院读成“sai-inn”是正确的，但是“sai”也不能算错。1928 年(昭和三年)，新京阪铁道的“京都西院站”开通，并于 1931 年(昭和六年)成为地下铁道。京都西院站就是如今的阪急电铁的“西院站”。而京福电铁的“西院站”则在1910年(明治四十三年)就开通了，由于自古以来西院便被读作“sai”，故其站名也被读作“sai”。阪急电铁京都线开设的西院站被读作“sai-inn”之后，这个读音也逐渐被大众接受，成为大家都认可的读法。

平安京被纵贯南北的朱雀大路(现千本路)分割成左京和右京，右京因为多湿地，难以作为住宅用地，最终野草蔓生，成为荒地。贵族们纷纷将宅邸迁往左京，朱雀大路东侧的左京逐渐作为都城的中心区域繁华起来。

西院一带当年正好处于荒草丛生、一片凄凉的右京地区的中央位置，被认为是人类栖居地与妖怪游荡的魔界的分界线。站在现在车来车往的西院站，根本无法想象当年这里曾是恶魔妖怪出没的恐怖之地。

西大路向西两条街是南北向的佐井路。佐井路在平安京建造之初名为道祖大路。道祖大路位于朱雀大路和西京极大路中间，宽24米，从北边的一条大路一直延伸到南边的九条大路。佐比川沿着道祖大路向南流淌，最终汇入桂川。据说平安时代佐比川有30多米宽，但如今已变为暗渠。过往的痕迹虽然已无从考察，然而有淳和天皇(桓武天皇的第三皇子）曾在佐比川举行驱邪祭祀活动的传说存世。

道祖大路和九条大路（现九条路）交会处的南侧一带曾经被称为“佐比的河原（河滩）”，为送葬之地。以现在的地名来描述，应该是在从东海道新干线南侧的吉祥院三宫町到吉祥院中岛町一带。每天都有遗体运往佐比的河滩，九条大路就曾是运送遗体前往佐比河滩的送葬队伍必经之路。

如今的西大路和四条路交会的西大路四条十字的东北角，有淳和天皇退位后的离宫“淳和院”。由于位于皇居的西面，所以也被称为西院，后被读作“sai”。将西院读成“sai”，不仅仅是简单的省略，有可能是因为附近的佐比河滩的“佐比”和“赛（sai）”读音相同，于是将西院和“赛河原（三途河滩）”联系在了一起。

民间有这样的信仰：地狱之中，在去向冥土的路上流淌着三途川，它是人死后第七天要渡过的河流。三途川上有三股流速不同的急流。上游的浅流是给罪孽较轻的人渡的，穷凶极恶之徒则必须要渡过名为“强深濑”的最深急流。渡过三途川后便是“赛河原”。先于父母死去的孩子为了供养父母，会在河滩上用小石子堆积成塔，然而无论如何反复尝试，这些石子塔都会被地狱的鬼魂破坏。此时，就会有地藏菩萨显灵帮助孩子们。

“西院”“佐井”“道祖”“佐比”“赛”这些地名都读作“sai”。西院的河原被认为就是指“赛河原”。淳和院后来改为净土宗的寺院高山寺，高山寺也被称为“西院河原”，供奉地藏菩萨为本尊。狭小的寺院内供着一尊巨大的石制地藏菩萨塑像，周边有大大小小300尊以上的地藏环绕。

京都中心的“天使突拔”是什么？

如今京都市的道路与当年的平安京已经大为不同，这是丰臣秀吉的手笔。京都经过数度战乱和自然灾害，几近废弃，为了使京都重现生机，丰臣秀吉推行了大胆的都市改造计划，开辟了新的道路，又将过于宽阔的道路缩窄。原本85米宽的主干道朱雀大路变成了不那么宽阔的千本路，现今的京都市区便在此基础上逐渐形成。

平安京的街道以边长120米的正方形为基准建造，中间留为空地。为了有效利用这些土地，丰臣秀吉运用在中央贯通一条道路的方法进行区划整理，这样就可以建造更多的町家，于是中间的休闲用地消失了，人口也随之增加。可以说，正是因为如此，京都才得以变身成为一座充满活力的都市。京都被戏称为“鳗鱼寝床”的房屋排列方式也是从这一时期开始出现的。根据丰臣秀吉的都市改造方案，之前不存在的道路被接连修通，而这些道路有很多都取了极其怪异的名字。

“突拔”就是其中之一。

所谓突拔，是突破、穿透的意思。京都市中心地区的上京、中京、下京三个区中类似于“越后突拔”“仁王门突拔”“释迦突拔”等等带“突拔”二字的地名有将近30处。其中最引人注目的便是“天使突拔”这个地名。无论其意是指“天使穿透了”还是“天使被穿透”，都实在是奇妙而不可思议的地名。

丰臣秀吉的京都城市改造计划是极其蛮横的决定，不容谈论，更不允许随意臧否。其中最典型的做法是在洛中四周建起一圈被称为“御土居”的土垒。御土居是东西长3.5千米，南北长8.5千米，全长22.5千米，高达5米的宏伟建筑，在被称为“京之七口”的出入口处设有关口征收通行费。这样的御土居直到现在还有近十处得以存留，被指定为国有历史遗迹。

下京区有西洞院路和油小路两条南北贯通的道路，其中间有一条狭窄的小路名叫东中筋路。以前这条道路被称为“天使突拔路”。这样的地名也可以说是丰臣秀吉强硬的都市改造计划的象征。

这条路在丰臣秀吉的都市改造计划中是新建的道路，修建时遇到了传说中由空海大师创建的五条天神社(天使之宫)。这个原本被称为“天使社”的神社，当地居民都亲切地称之为“天使神”。就是这个天使社成为道路修建的障碍。一般来说，遇到这种情况，无非有两种选择：要么放弃修路计划，要么迂回修建。然而丰臣秀吉却不愿妥协，硬是修建了一条横穿神社大院中央的道路。人们虽然不愿看到这样的结果，但是因为恐惧也不敢反抗。于是，他们称这条道路为“不惜穿透天使神而建造”的“天使突拔路”。这个地名透露出人们对丰臣秀吉的怨恨之情。

五条天神社原本占地面积很大。然而，天使突拔路的修建隔断了镇守神社的森林，之后大殿又在蛤御门事变①中被烧毁。再加上随着区划整理，神

---

① 蛤御门事变：也称“禁门之变”，是1863年长州藩及尊皇攘夷派势力被逐出京都后，长州藩以排除会津藩主、京都守护职松平容保等人为目标，派兵进入京都，在京都市区内与幕府联军进行激烈巷战的事件。

社面积逐渐缩小，如今成为一座身处公寓楼包围之中的静寂的小神社。

如今天使突拔路两侧的区域都被称为“天使突拔”，北起五条天神社所在的松原路，穿越五条路的干线道路到六条路。由天使突拔一丁目到天使突拔四丁目共有约500米长。

河原院——源融怨灵出没

鸭川的西畔原本曾有一座名为河原院的大型宅邸，是平安初期的贵族源融的府邸。这座宅邸东起东京极大路，西至万里小路，北临六条坊门小路，南侧紧靠六条大路，面积之大可以囊括如今的东京巨蛋，是平安京最大的宅邸。传说这座大宅中有幽灵出没，这种传言不胫而走，让京都的百姓不寒而栗。

建造河原院的源融是嵯峨天皇①的皇子，成为

① 嵯峨天皇：809—823年在位，是日本的第五十二代天皇。他在位期间大力推行“唐化”，迷恋汉学，在诗赋、音律和书法方面造诣深厚。

仁明天皇[1]的养子后又晋升为左大臣。源融为了这座宅子几乎倾注了全部的心血，极尽奢华之能事。宅邸中的庭院模仿陆奥国盐灶的景观设计，筑建了自鸭川引水的池塘，每月还要从大阪运来30石海水用以体验晒盐之乐。

源融还在嵯峨建造了一座名为栖霞观的山庄，在那里享受风雅的生活。以释迦堂闻名遐迩的嵯峨清凉寺就建在原栖霞观山庄的旧址上。此外，源融在宇治还建有别墅，世界遗产之一的宇治平等院便位于他的别墅"宇治院"的原址之上。源融就是这样一个享受着无比奢华生活的手握实权者。

在与地位低于自己的藤原基经[2]的权力斗争中败下阵来的源融，虽然面对着不利的形势，但仍没有放下政治野心。阳成天皇[3]退位时，他表现出了强烈的继承皇位的意愿，却被身为太政大臣的基经以"不曾有被降为臣籍之人（失去了皇族身份之人）继位之先例"为由一票否决。失意的源融不得不满腔

---

① 仁明天皇：833—850年在位，是日本第五十四代天皇。

② 藤原基经：藤原基经（836—891）是日本平安时代的公卿，历仕四代天皇，是朝廷实权的掌控者。

③ 阳成天皇：876—884年在位，是日本第五十七代天皇。

忧愤地离开了政治舞台。

源融死后，其次子源升继承了河原院，并将这座宅邸献给了宇多上皇①。宇多上皇也像源融一样曾被降为臣籍，不过源融没能重获皇族身份，宇多上皇却做到了。不仅如此，他日后还得以继位成为天皇。而且，宇多天皇之所以能继位正是因为有藤原基经的支持。因而可想而知，源融的怨念如此强烈也并非没有道理。更不用说，他肯定无法忍受宇多上皇堂而皇之地住进河原院。源融的忧愤化为怨灵，游荡在河原院中制造恐慌，还降下了天灾。《今昔物语集》②中就有多篇关于河原院中出现怨灵的故事。

其中有这样一篇恐怖故事：有一对来自东国的年轻夫妇，打算在荒芜一片的河原院中过夜。就在丈夫拴马的时候，妻子被不知什么东西拖进宅邸之中。丈夫被妻子仓皇的尖叫声吓坏了，想打开宅门，但门却被从里面上了锁，怎么也无法进入。情急之下，丈夫抄起一把斧头劈开房门，冲进房间一看，

---

① 宇多上皇：887—897 年为日本第五十九代天皇，897 年退位后剃发出家，称宇多上皇、宇多法皇。

② 《今昔物语集》：《今昔物语集》是成书于 11 世纪的日本物语文学的代表作之一。

妻子已经没了人形，只见被吸干了血的尸体吊在房梁上。这便是源融化身吸血鬼的传说。

下京区的木屋町五条留有刻着“此附近为源融河原院旧址”的石碑。建造在河原院原址上的本觉寺中有源融的坐像。本觉寺正建在源融模仿陆奥国盐灶而建的庭园旧址之上，故地址写为“富小路通五条向南本盐灶町”。南北贯穿京都市中心地带的“河原町路”，其地名应该来自河原院。而河原院之所以得名，应该是因为它建在鸭川岸边。

在三年坂上摔倒，会在三年内死去？

京都是建立在盆地中的都市。由于周围多丘陵，因此市区坡道很多。作为京都数一数二的观光地，热闹非凡的清水寺周边，就有五条坂、清水坂、茶碗坂、三年坂、二年坂等多条坡道，这些坡道本身也成为充满魅力的观光场所。其中的三年坂，土特产店及高级餐厅、旅馆林立，是最具京都风情的人气观光区域之一。

从京都市区东边贯穿南北的东大路开始，向东的道路都是坡道。从东大路向东上行，清水寺参道清水坂与五条坂交会的地方向北下行的阶梯式坡道就是三年坂。三年坂是从清水寺去往高台寺及八坂神社方向的观光通道，一年四季游客络绎不绝。从人文角度来看，三年坂上的那些极具风情的房屋建筑价值非凡，因而被指定为国家重要的传统建筑群保存区。

为何这条阶梯状的坡道被称为三年坂？关于其名称的由来有多种说法。其中之一认为是由于这条坡道于808年(大同三年)建造。清水寺建造于780年(宝龟十一年)，从历史年代来看，这种说法倒是合情合理，然而并没有任何可供证明的依据。

据说三年坂最早被称作产宁坂，通向清水寺中泰产寺的送子塔，因而被称为产宁坂。也就是说产宁坂的名字中包含了“保佑安宁地产下孩子”的愿望。泰产寺供奉着送子观音，许多人来此祈求安产。丰臣秀吉的妻子高台院(宁宁)也曾前往泰产寺祈求安产，途中经过的坡道就是产宁坂。泰产寺原本在清水寺山门之前，明治末期移建到了大殿南侧，锦云溪的南山之上。在桧皮屋顶的三重塔(送子塔)前可以远眺美丽的风景，从清水寺的舞台向前看也能望见送子塔。

三年坂的日文读音“sannei 坂”，谐音“sannen 坂”，用汉字标注就被写成了“三年”，这个说法似乎已成了定论。然而关于三年坂还有“在这里摔倒三年内便会丧命”的可怕传说。在坡道行走确实容易摔倒从而引发危险，特别是阶梯处更需要注意。

电视里播放的悬疑剧中，可以说只要是杀人事件几乎都会有人从楼梯上摔下来死去的场景。楼梯和坡道就给人如此危险的印象。三年坂的台阶是石头制造的，前往送子塔祈求安产的孕妇经过这个坡道时，如果摔倒后果会非常严重，因此，三年坂是一条必须打起十二分精神来行走的道路。在这里摔倒的话三年之内会丧命这种说法，应该是为了引起大家注意而诞生的民间传说。

如果真的不小心在三年坂上摔倒了，坡下的小店里出售可以辟邪的吉祥物葫芦，为了驱除邪气，大家不妨买一个试试。

京都居然有无人居住的街区？

地名也就是地址，也被称为“居住地名”，是指明居住地时必不可少的东西，如果某地无人居住，那居住地名就没有存在的必要。京都市有居住者为零的街道，其中之一就是中京区的“桑原町”。

桑原町的北侧是京都御苑、南侧是京都地方法院，桑原町就夹在二者中间，是位于丸太町路上的长25米、宽45米的狭小区域，如果不拿非常详细的地图来仔细确认的话根本无法找到。整个桑原町都是道路，没有一栋民房，理所当然也就没有人居住，按理来说也没有必要有这个地名。若是在其他的城市，这样的地名应该早就被清理了。这个让人觉得没有必要存在的地名能完整地保存到现在，可以说正体现了京都尊重传统文化的特点。当然，“桑原町”这个地名被保存下来还有特殊的理由。

桑原町并非一开始就无人居住。菅原道真的子孙桑原氏曾在那里建造过房子。说到菅原道真，应该没有人不知道他的存在。他被奉为“学问之神”，供奉在全国各地的天满宫中。天下的考生都受他的庇护。

菅原道真是平安时代的贵族，既是学者，也是杰出的政治家。他深得宇多天皇的信任，得以充分展现自己的才能，并在醍醐天皇①在位时晋升为右

① 醍醐天皇：897—930年在位，日本第六十代天皇。

大臣。然而，随后他遭到政敌左大臣藤原时平的谗言陷害，被外放至九州的大宰府，最终客死异乡。

道真死后，京都遭遇了洪水、干旱以及传染病流行等各种灾难。陷害道真的藤原时平年仅39岁就死于疾病，醍醐天皇的子孙也陆续病死。某日京都电闪雷鸣，大雨倾盆，损失惨重，皇宫内的清凉殿被闪电击中，公卿贵族中有多人死伤，其中包括藤原清贯。此人曾奉藤原时平之命，监视被左迁到大宰府的菅原道真的动向。然而，在这场灾难中，桑原町却毫发无损。因此，人们认为这一定是菅原道真的怨灵在作祟。

从那以后，每当京都遭遇雷电天气时，人们便习惯于一边念着“kuwabara、kuwabara（桑原、桑原）”，一边双手合十向雷神祈求。就这样，“kuwabara（桑原）”便成了乞求电闪雷鸣不要造成危害的祝词。久而久之，后来人们在日常生活中遇到灾难时也常口诵这个地名以求平安无事。京都的桑原町是“kuwabara、kuwabara”这一祝词的发祥地，因此，即使没有人住在这里，这个地方也不能随便消失。

“kuwabara传说”在京都以外的地方也有类似的版本。兵库县三田市桑原有一座古老的欣胜寺，那里也流传着这样的“kuwabara 传说”。

很久以前，雷神的孩子们在云中玩耍时，其中一个不小心脚下一滑，掉进了欣胜寺的古井里。一直以来为打雷闪电造成的灾害头痛不已的住持想要好好惩戒一下雷神的孩子，于是便将古井盖上，把这孩子关在里面。如此一来，住持便可以慢慢地训斥哭喊求助的雷神的孩子了。最终，住持逼着雷神的儿子答应“再也不在桑原打雷闪电了”，这才放走了他。自那以后，村民们一听到雷鸣就面向天空喊“kuwabara、kuwabara”。据说以后桑原真的再也没有被雷袭击过了。可以推断，全国各地名为桑原的地方都有这种传说，正是受到京都有关道真的“kuwabara 传说”的影响形成的。

竞逐法力之地——神泉苑

二条城南侧有一座寺庙，庙内有名为“神泉苑”的美丽庭园。在建造平安京的时候，将皇居东南侧的沼池整修后，作为天皇出游的庭园，神泉苑便是如此建造的。庭园规模巨大，东西宽有 200 米，南北长有400米。由于中央的池塘中有清泉长年不断涌出，所以被命名为神泉苑。当年天皇及贵族经常在此设宴游玩，举行各种活动，因此这里也被称作“御池”。神泉苑南侧东西方向的道路御池路，其名称就来自御池。

天皇及贵族们游乐飨宴的御用之所神泉苑，到镰仓时代已是一片荒芜。修建德川家康在京都的寓所二条城时，神泉苑的用地被大量征用，现在的神泉苑只占了东西50米、南北80米左右的面积。然而，神泉苑拥有城市中令人难以想象的绿地规模，目前，它作为真言宗的道场归东寺（教王护国寺）管辖。

神泉苑为什么要受相距甚远的东寺管辖呢？另外，为什么有东寺（东寺中有日本最高的五重塔），却没有与之相对的西寺呢？想必有类似疑问的人应该不在少数。事实上西寺并非原本就不存在。西寺曾经和东寺相对，建造在平安京的正门罗城门的另一侧。而东寺直到现在还拥有雄伟的伽蓝殿，与之相对的西寺却连遗址都不复存在。为什么会这样？和神泉苑有很大的关系。

建造平安京之时，东寺和西寺两大官寺作为护国寺被修建。然而由于财政原因，823年（弘仁十四年），嵯峨天皇将东寺下赐空海①（弘法大师）、西寺下赐守敏僧都。然而次年，即 824 年（天长元年），平安京遭遇了罕见的大旱。如果干旱持续的话，甚至会危及整个都城的安全。为了避免最坏的结果，刚刚继位的淳和天皇②叫来东寺的空海和西寺的守敏，让他们在神泉苑用法力竞赛求雨。因为当时的人们认为，从来不曾干涸的神泉苑御池里住有龙王。

率先求雨的是前辈守敏，他修法求雨，历时一周，然而最终没能如愿。之后轮到了空海。他向善女龙王祈求，终于为持续干旱的京都带来了降雨。这场求雨竞赛最终以空海获胜而告终。自然，守敏对于空海的胜利极为妒忌，传说他甚至因为怨恨过度而箭射空海，幸而被地藏菩萨挡下。自从空海在修法祈雨的竞争中取得胜利，神泉苑御池中央的小岛上便开始供奉起了善女龙王。

赢得祈雨竞赛的空海，也得到了朝廷的信赖，因此，东寺作为真言密教的本道场逐步发展壮大。而守敏的西寺原本和东寺一样，是拥有五重塔等建筑的大型寺院，但因为祈雨失败而不再受到朝廷的

---

① 空海（774—835）：日本佛教僧侣，曾于 804 年在中国长安学习密教，806 年回国，创立日本佛教真言宗。

② 淳和天皇：823—833 年在位，日本第五十三代天皇。

眷顾，最终彻底衰落了。现在东寺以西 800 米左右的西寺儿童公园中，有一方刻着“史迹西寺址”的石碑，这是西寺存在过的唯一证据。

如今面向御池路的神泉苑入口处有一座水泥制成的鸟居，三面被池水包围的岛上有善女龙王神社镇守。此外，神泉苑也被认为是源义经①和静御前②相逢的地方，所以善女龙王神社也被视为可以缔结姻缘的神社而广受推崇。架设在池塘上的法成桥的栏杆是红色的，传说从桥上走过，前去参拜善女龙王就能心想事成。池塘西侧还建有供奉着圣观音的大殿。

牛若丸和弁庆并非在五条大桥相遇？

横跨鸭川之上的五条大桥桥面宽阔，因为是干线道路(1 号国道)，所以车流量很大。大桥西端的

---

① 源义经(1159—1189)：日本平安时代的传奇武士，小名牛若丸。在源平合战中，与兄长源赖朝共同举兵讨伐平家，取得胜利后为兄长所忌，最终被逼自尽。

② 静御前(？—1189)：源义经爱妾。

石像再现了牛若丸（源义经）和弁庆缠斗的场景。童谣《牛若丸》（词、曲作者不详）中也唱道：“京都的五条之桥上，彪形大汉弁庆挥舞着长刀砍向牛若丸。”这正是牛若丸和弁庆在五条大桥上对打的情景。

然而，如果认为这座五条大桥就是牛若丸和弁庆决斗的地方的话，那就错得离谱了。

弁庆的乳名叫“鬼若”。他在童年时代就性格强悍，无论被寄养在哪里都顽皮捣蛋，总是被赶出家门。也许正是因为走到哪里都不被接受，他才怀恨在心，定下了要集齐一千口大刀的目标。他袭击路过的武士，夺取他们的武器据为己有，终于集到了九百九十九口，距他的目标仅有一步之遥。

这一天，弁庆经过五条大桥，与吹着笛子、打扮成法师模样的牛若丸擦肩而过。弁庆看到牛若丸腰间挂着的宝刀，便想夺而取之，于是他便挥舞长刀砍向牛若丸。出乎他意料的是，身手不凡的牛若丸跳上栏杆，躲过一击，还向他还击。遇到从未见识过的剑术高人，弁庆佩服得五体投地，从此他便做了牛若丸的随从。这就是牛若丸和弁庆相遇的传说。

然而，如今的五条大桥所在的五条路并非牛若丸和弁庆时代的五条大路，五条路在当年只是名为六条坊门小路的窄道。1589年(天正十七年)丰臣秀吉建造方广寺大佛殿时(建造时间说法不一)，六条坊门小路突然受到重视，被定为方广寺的参拜要道，原本位于五条大路上的大桥也被改建到六条坊门小路上，成了五条大桥。从那时开始，六条坊门小路便被称为五条大路(五条路)。

如此一来，原本通往清水寺的参拜通道五条大路，因为两侧种满了松树而改名为松原路，这条路上跨越鸭川的大桥改名为松原桥。所以，牛若丸与弁庆打斗的五条大桥应该是现在的松原桥才对。名为“牛若丸与弁庆”的石像本来应该放在松原桥的桥端。

不过对此也有不同的说法。有传说认为牛若丸和弁庆是在位于现在松原路西洞院以西的五条天神社相遇的。为了祈求值得纪念的第一千把大刀比以往的所有刀都要锋利，弁庆来到五条天神社来许愿，碰巧牛若丸刚好经过那里。弁庆看到牛若丸腰间的大刀，眼前一亮，心想：这正是配得上第一千把的好刀!

当时的五条天神社内流淌着一条小河——西洞院川，河上架着一座桥，这座桥被认为就是弁庆和牛若丸打斗的地方。因为当时没能分出胜负，弁庆在清水寺埋伏下来，要与牛若丸在清水寺的舞台上一决雌雄。到底哪一种说法是事实并没有定论，但有一点是确定的：牛若丸和弁庆相遇的大桥并非现在的五条大桥。五条天神社在松原路的路边这一点，也证明了松原路正是平安时代的五条大路。

第二章

京都带“野”字的地名都很恐怖？

平安京东面的风葬地——“鸟边野”

“野”乃野草灌木自然生长的平地，有时亦指丘陵或低山的坡地。“原”和“野”意思基本相同。日语中有“野和原”的说法，也有“野原”一词。“野”的周围连着小山或丘陵，丘陵后耸立着更高的山峰。这便是日本地形的一大特征，而京都盆地正是其典型代表。

平安京坐落在京都盆地的北部，东、北、西三面环山，群山和都城之间是绵延的广阔原野。这种地理风貌使得京都地名多带有“野”字。如嵯峨野、宇多野、化野、北野、平野、紫野、高野、鸟边野、栗栖野、小野等等，地名中带“野”字的可谓遍布城外，那里野花烂漫、鸟鸣声声、流水潺潺。正如“原野上花开”“山野间叶绿”等描述的一样，地名带“野”字的地方总会拥有闲适的氛围和清新的空气。曾经的平安京周围一定也是这般景象。

不过，在贵族们优雅地生活着的“雅都”平安京，却有着几处怨灵呼之欲出的恐怖地带。风葬地便是其中最具代表性的地方。风葬地，顾名思义是弃尸之所，即既不火葬也不土葬，暴尸于野外。

“鸟边野”是平安京东面著名的风葬地，包括鸟边山及其周边那广阔的丘陵地带。可是，你在地图上既找不到鸟边野这个地名，也很难找到鸟边山。鸟边野其实是指从阿弥陀峰北麓的丘陵地带。阿弥陀峰是一座海拔 196 米的小山，因可以眺望市区而闻名。山顶有一座供奉着丰臣秀吉的丰国庙。在平安时代，这座阿弥陀峰也是坟场。

通往清水寺方向的五条坂和五条路(1 号国道)之间有一座大谷本庙，由净土真宗的开山始祖亲鸾所建，庙内的那座小山便是鸟边山。在平安时代，只有贵族等社会上流人士才可以火葬或者土葬，庶民的遗体只能被运往风葬地。那么作为风葬地的鸟边野，应该是尸横遍野，乌鸦嗅尸臭而来，那番情景仅是想象就让人不寒而栗。

不过，在没有机械动力的时代，将尸体运至风葬地并非易事，因此弃于鸭川畔或者山里的尸体比比皆是，甚至道路两旁也常有腐尸滚落。后来，鸟边野成为皇室贵族的火葬场所，藤原一族就在这里火葬。火葬之烟袅袅不绝，似乎在诉说着人生的虚无和世事的无常，这也成为许多和歌的题材。

至于鸟边野这个地名的起源，有多种说法。据说当年鸟取部曾经在此居住，他们常捕猎鸟兽献给朝廷，后来“鸟部”讹变成了“鸟边”。也有人说这里曾是“鸟葬之地”，吊尸体于树上，引鸟来啄食。无论是哪种说法，都说明鸟边野是一个让人不寒而栗的所在，更让人无法想象的是，它其实就位于如今游客熙攘的清水寺附近。

“六道之辻”是人世与冥界的分界线

鸭川和清水寺之间有一个十字路口，名为“六道之辻”，被认为是前往鸟边野进入冥土的入口。不过，六道之辻并非这个十字路口的正式名字。从下京沿着松原路向东，过了鸭川上的松原桥后前行数百米，有一座临济宗的寺院，名为六道珍皇寺。六道珍皇寺是京都五山之一的建仁寺的塔头，坐镇北方，寺内除了大殿外还有阎魔堂（篁堂）以及钟楼等堂宇。六道珍皇寺的门前才是六道之辻，门边还竖有一块刻着“六道之辻”的石碑。

为什么说六道之辻是冥土的入口呢？先说说六道这个名字的由来。这一带位于鸟边山山麓，因此得名“麓道”。而“麓道”的日语发音与“六道”相近，后被讹传成了“六道”。不过，近来的一种说法更让人信服，即“骷髅原”才是其真正的词源。所谓“骷髅原”是指经风吹日晒而化为骷髅的头盖骨随处滚落的原野。“骷髅原”里的“骷髅（dokuro）”被讹读为“rokudo”，又被搭配上了同音的“六道”的汉字，此地因此得名。所谓“六道”，在佛教中指地狱、饿鬼、畜生、修罗、人间、天上六个冥界，人按照生前的善恶德行，死后分别归于六道。如此，六道之辻就被认为是人世与冥界的分界线了。

六道珍皇寺的寺门前之所以被称为六道之辻，一是因为这里有通往鸟边野的道路，二是传说这一带曾经有三途川流过。此外，六道珍皇寺与小野篁①也有着颇深的渊源。小野篁是平安时代前期的公卿，也是著名的和歌诗人。他曾被任命为遣唐副史，但由于与遣唐大使藤原常嗣不睦，故托病不随之赴唐，最后被问罪发配到了隐岐。

小野篁身后留下了许多怪诞的传说。比如，说他白天在宫内侍奉天皇，晚上则通过水井去往冥土，作为地狱阎魔厅的官员服务于阎魔大王。也就是说他可以自由往来于人世和冥界。六道珍皇寺中至今还保留着小野篁穿梭往来于两界时通过的那口水井，阎魔堂中还安放着阎魔大王和小野篁的木制雕像。

平日里幽静的六道珍皇寺，一到每年 8 月的盂兰盆节②，就会变得格外热闹。寺庙会举办名为六道参拜的祭祀活动，用迎送钟来迎回先祖的灵魂，参拜的人络绎不绝。首先，参拜者会在寺庙前的路边购买高野槙③，领取水塔婆④，在上面写上故人的

---

① 小野篁(802—853)：平安时代著名的汉诗文作家和歌人。后被虚构为冥府的冥官。

② 盂兰盆节：每年农历的七月十五日，佛教徒会举行盂兰盆法会，供奉佛祖与僧人，济度六道苦难，答谢父母的恩情，是为盂兰盆节。

③ 高野槙：即日本金松。

④ 水塔婆：祭祀用的木牌。

名字。随后，撞响据说其声音可以传到冥土的钟迎接先祖的灵魂，将先祖的灵魂放置于作为死者座驾的高野槙叶上，一起带回家。

鸭川东侧的五条（松原路）与七条之间的区域被称为“六波罗”，是平安时代有名的坟场。六波罗据说也从其谐音“骷髅原”而来。松原路南端连着一条东西走向的六波罗里门路，其西面尽头坐落着一座由空也上人建造的古老寺庙六波罗蜜寺。六波罗蜜寺是西国三十三所观音灵场的第十七处，香客众多。因为位于人世和冥土的边界附近，所以也有人认为这所寺庙就是为了吊唁在鸟边野火葬的亡灵而建的。

六波罗蜜寺的周边地区现在叫辘轳町，其由来并非因为辘轳师曾居住于此或者此地曾经聚集着贩卖辘轳的店铺。它的名字实为骷髅町，但因太不吉利，便改称为辘轳町。

松原路和大和大路交会处曾有一座供奉着夺衣婆的姥姥堂。传说渡过三途川的死者涉水而过时遇到的水流湍急程度不同，衣裳打湿的状况也各异。夺衣婆会出现在三途川边，专门剥取死者的衣物，根据衣物的重量来裁定死者生前罪孽的轻重程度。

如今的鸭川以东由于古寺神社众多，观光客纷至沓来，甚是热闹。其实这个地方以前是京都数一数二的悬疑之地，留存着许多可怕的传说。

平安京西面的风葬地——“化野”

如果说鸟边野是平安京东面最具代表性的风葬地的话，那么西面的风葬地要数“化野”最为有名。化野这个地名听起来就令人毛骨悚然。“化”一词本身含有“变幻无常”“虚无”“不真实”等意思，一个字便将人世间的无常表现得淋漓尽致。另外，“化”还表示“其他东西、不同之物”，有从生到死，变成他物的含义。

化野距京都代表性的观光胜地岚山很近，具体指奥嵯峨保津川（大堰川）左岸的小仓山（296 米）东北麓一带，这里至今还留有“嵯峨鸟居本化野町”这个地名。鸟居本是由爱宕山（924 米）山顶的爱宕神社门前町发展而来的区域，名字也来源于爱宕神社的“一鸟居之本”周围形成的村落。在附近的曼荼罗山（191 米）上举办的“五山送火”中，鸟居形的篝火就取形于爱宕神社的一鸟居。

一鸟居周边留存下来的古老街道，被指定为国家重要的传统建筑物群受到保护，因此成为京都很有人气的观光地。看着如今这番热闹的场景，着实无法将其与风葬地联系在一起。你无法想象那个时候的化野，暴露在野外的尸体堆成了无数座小山。成堆尸体招来虫子、散发恶臭，也成为蔓延的疫病的源头。

鸟居本古老街区的正中央有一座由空海（弘法大师）创建的净土宗古寺——化野念佛寺。弘法大师是真言宗的开山始祖，为什么这座由他创建的寺庙属于净土宗呢？原来面对着暴露在外、堆积如山的尸体，弘法大师心生悲悯。为了告慰死者的在天之灵，他掩埋了这些尸体，并为其供奉石佛，还建立了五智山如来寺。到了镰仓时代①，如来寺成了净土宗的开山始祖法然上人的道场，被改名为念佛寺。所以，念佛寺虽由弘法大师创建，但后来成为净土宗的寺院。

然而，经过漫长的岁月，化野变得荒凉破败，石佛四处散落，或被掩埋，或被损坏。到了明治中期，寺庙在当地居民的帮助下，将这些散乱的石佛

① 镰仓时代（1185—1333）：日本历史上以镰仓为国家政治中心的武家政权时代。

收集起来供奉，数量足有八千座以上。

据传，曾经有一条名叫曼荼罗川的河流经此处，而寺内排列的石佛与石塔令人联想到赛河原，于是此地被取名为“西院河原”。现在观光客熙熙攘攘的鸟居本一带，只有这一片充满着世事无常的氛围，让人联想到这里曾是风葬之地的过往。化野念佛寺每年八月的地藏盆节时会举行千灯供养仪式。在那个时刻，为了告慰无主的亡灵，会分别在石佛和石塔上点亮蜡烛，那火焰随风摇摆的样子仿佛能将人带入幻想的世界。

从爱宕神社的一鸟居去往清泷的途中，在爱宕山参道的山脚下有一座爱宕念佛寺。它的名字虽然与化野念佛寺很接近，但寺内的陈列和化野念佛寺的石佛群有着截然不同的趣味。爱宕念佛寺内整齐排列着 1200 座罗汉像，蔚为壮观。爱宕念佛寺的“爱宕”不念作“atago”而念作“otagi”。8 世纪中期称德天皇①建了这座古寺，选址在因作为坟地而知名的东山六波罗蜜寺附近，因六波罗蜜寺附近区域属于爱宕郡，因此此寺得名爱宕寺。

不过，后来因鸭川多次泛滥，爱宕寺完全荒弃

---

① 称德天皇：749—758 年在位，日本第四十六代天皇。

了。随后天台宗的僧侣千观重建了寺庙。由于千观被称为“念佛圣人”，寺庙也因此被称作爱宕念佛寺。爱宕寺随后又遭遇了几次废寺的危机，到了大正时代移建至现在的地址重得复兴。寺内陈列的1200座罗汉像都由参拜者亲手雕刻，每一座都表情丰富，很值得一看。

“京之七野”也曾是恐怖之地

平安京的周边有可供天皇及贵族们狩猎野游的广阔的“野”。散布于宫城北面的七处原野被称为“京之七野”或者“洛北七野”，分别是内野、北野、平野、点野、紫野、上野、莲台野。

平安京的大内里在1227年(安贞元年)的大火中被烧毁后，没能得到修复，最终成了一片荒野。内野指的是宫城所在区域的原野，北野则是宫城以北的原野，因有一座供奉菅原道真的北野天满宫而闻名。北野以北被称为平野。平野有一座平野神社，是赏樱的好去处。再往北有座大德寺，周边分布着点野、紫野、上野、莲台野。

关于七野，还有另一种说法。在这种说法中，禁野和柏野代替了点野和上野，再加上原来的内野、北野、平野、紫野、莲台野合称七野。在七野正中央的船冈山下东南方的住宅区中，有一座名为栎谷七野神社的小神社，据说是在紫野斋宫的遗址上建造的合祭七神的神社。紫野斋宫是侍奉上贺茂和下鸭两神社的皇女当时的居所，是按伊势神宫斋宫的标准设计建造的，也被认为是七野的主神社。

京之七野并不都是恐怖之地，但其中最让人战栗的当数莲台野。莲台野的"莲台"原指安置佛像的莲花形台座，莲台也可以叫作莲华台。莲台野是为送葬之地，即墓地。

柳田国男的《远野物语》中提到过，岩手县远野市曾经有将60岁以上的老人丢弃到山中的风俗。丢弃遗体还说得过去，将活着的双亲弃于荒山，确实太过残忍。但当时那个地方的人度日维艰，为了减少吃饭的人口，不得不将失去劳动能力的老人抛弃。类似这样用以抛弃老人的姨舍的传说在其他地方也有，而在远野则将姨舍称为"dendera野"，据说是从莲台野谐音而来。

京之七野的莲台野类似于远野地区的dendera野。莲台野包括京都西面的天神川上游的纸屋川和船冈山之间的区域，自古就和东边的鸟边野、西边的化野共称“京都三大风葬地”。古代贵族们的遗体会大张旗鼓地火葬或土葬，而庶民的遗体则不允许火葬或土葬，只能被运到作为风葬地的莲台野，任由鸟虫啃食，最终风化成白骨，回归土地。贫苦的庶民们只能以这样的方式送走故人。

莲台野和鸟边野、化野不同的是，到了平安时代后期，船冈山到莲台野一带成了行刑之地。保元之乱(1156)中战败的源为义就是在这里被长子源义朝斩首①的。历史上虽然没有留下明确的记载，但是可以想象有无数人在这里被处死，斩下的首级四处滚落。直到现在，这一带仍充满了恐怖的气息，仿佛惨死在莲台野的怨灵会随时出没一般。

随着时间的推移，莲台野最后也成为皇亲贵族们的火葬场。金阁寺东侧就有近卫天皇②以及后冷泉天皇③的火葬冢。

---

① 保元之乱：1156年发生于日本的一场内战。对阵双方为后白河天皇与其支持者平清盛、源义朝，崇德上皇与其支持者平中正、源为义。前者一方取得胜利。

② 近卫天皇：1141—1155年在位，日本第七十六代天皇。

③ 后冷泉天皇：1045—1068年在位，日本第七十代天皇。

怨灵徘徊的“紫野”

“京之七野”中有些“野”现在没有留下什么痕迹，不过也像北野和平野那样作为正式地名而留下来，紫野就是其中之一。现在大德寺周边地区称为紫野。大德寺名列京都五山之一，是城北最大的寺院。寺院内建有数十座佛堂，俨然是一座小城镇。

“紫”是紫草科多年生草本植物，根呈紫色，夏天开白色小花，作为染料或药草被广泛使用。这一带的原野上紫草丛生，故得名紫野。据说紫野还曾建有朝廷的草药园。

平安朝的政治争斗从未停息，败者都难逃被处刑的命运。平安京的繁华背后，有无数人死于政治阴谋。自古以来，人们就在紫野举行御灵会。“御灵”是对灵魂的敬称，其实就是所谓的怨灵。

住在都城的人们深受疫病和灾害之苦，他们相信死于非命的人的怨恨会化为疫神或怨灵徘徊，带来无尽的灾难。桓武天皇在迁都长冈京不足十年后，又将都城迁往平安京[1]，据说也是为了逃离怨灵的诅咒。为了安慰疫神和怨灵，平复它们的怨恨而举行的仪式就是御灵会。

紫野有平安京建都之前就已存在的供奉疫神的神社。在一条天皇[2]时代，994 年（正历五年），因为都城疫病流行，所以在船冈山供奉了疫神，祈求恶疾退散、无病无灾。这是最早的一次紫野御灵会。1001 年（长保三年），也是因为疫病蔓延，都城的人们苦不堪言，将御灵会从船冈山移至紫野，设置了供奉疫神的神社。因为是新建的神社，所以取名为今宫社，这就是现在位于大德寺北侧的今宫神社。

"紫野"这个地名也许会给人一种高贵而浓艳的美好印象，其实紫野是怨灵徘徊的极其恐怖的地方。而作为风葬地及行刑地的莲台野就位于紫野边上，这也是紫野的御灵会能发展起来的原因之一。

每当疫病流行，人们就会在紫野举行御灵会，后来慢慢发展成为官方的祭祀活动——今宫祭。疫

---

① 桓武天皇前，日本国都在平城京。桓武天皇于 784 年将国都迁往长冈京，但随后发生了天灾、恶灵作祟等事件，最终决定于 794 年迁都至平安京。

② 一条天皇：986—1011 年在位，日本第六十六代天皇。

病通常会在樱花飘落的时节开始流行，所以在紫野，樱花被称为“镇花”。后来当地百姓又开始举办镇花祭，如今镇花祭已成为今宫神社内疫神社的固定祭祀活动，每年四月的第二个星期天在紫野盛大举行。镇花祭和太秦牛祭(广隆寺)、鞍马火祭(由岐神社)并称为京都三大奇祭，被指定为国家重要的非物质民俗文化遗产。

镇花祭活动以高举着的花伞为中心，扮成红发鬼和黑发鬼的人们排成队列，随着鼓乐声，一边呼喊着“镇花啦!”一边跳舞前行。后来因为镇花祭的活动越办越盛大，1154 年(久寿元年)近卫天皇还曾下令中止。人们希望通过举行盛大的仪式来取悦怨灵，以求无病无灾，这就是祭祀活动会演变成长久持续的风俗的原因。把怨灵当作神灵来崇拜，或许能稍微缓解一下它们的怨念吧!

盗贼出没的市原野其实是小野小町的风葬地

从“京之七口”之一的鞍马口出发，跨过贺茂川，沿着鞍马街道向北，穿过岩仓小盆地的西部再向北前进，就会看到夹于山间的细长平地。这里就是市原野。

市原野最早也被称为“栎原野”，因为这一带曾经栎树成林。市原野以北数千米处，建有一座因牛若丸（源义经）曾在此修行而为人所知的鞍马寺。市原野在平安时代是皇族们狩猎玩乐的地方，因为此处人迹罕至，又位于边境，所以留下了很多恐怖的传说。

市原野是以鞍马街道为中心发展起来的村落。当年这里盗贼频繁出没，来鞍马寺参拜的人经常遭到抢劫，钱财、衣物被一抢而空，前来此地的人可谓都是赌上了性命。

镰仓时代编纂而成的故事集《古今著闻集》中记载了源赖光①在此遭到盗贼鬼童丸袭击的故事。源赖光因讨伐住在大江山的酒吞童子和消灭土蜘蛛而闻名。据说鬼童丸杀了一头牛藏进牛腹中，埋伏起来袭击了源赖光。当年的市原野就是这样一个让人闻风丧胆的地方。

---

① 源赖光（948—1021）：日本平安时代中期著名的武将，传说手下有四天王随其南征北战，降伏了诸多著名的妖魔鬼怪。详见陕西人民出版社 2019 年版《竹取物语 御伽草子》。

如今市原野作为京都市近郊的卫星城，发展迅速，有小学、邮局以及便利店，甚至还有列车站。祥和的氛围让人难以想象这里曾经是恐怖的地方，这里现在的地名是“左京区静市市原町”。

市原野和鸟边野、莲台野一样，曾经是弃尸的风葬地。山城国的地方志《山州名迹志》中有这样的记载：“这里是一原、野中、二之濑、鞍马、木船一带的死葬之地。”一原是指市原野，野中是指市原野北面的村落。再往北是二之濑，有叡山电铁鞍马线的二之濑车站。木船指的是贵船，贵船川河畔有贵船神社镇守。这五个村落就散落在市原野到鞍马之间。

人死后尸体被丢弃到山中，这在当时稀松平常，可是却禁止丢弃在村落附近。因为当时天皇居住的御所的饮用水来自贺茂川，鞍马川、贵船川以及静原川等区域的河流全都汇于贺茂川，贺茂川的水源当然不能被身份低微的平民尸体所污染，所以严令禁止就近抛尸。这五处村落的风葬地就集中在市原野，鞍马以及贵船这些距离市原野很远的村落的百姓也必须将死者尸体运到市原野去。

平安时代前期著名的歌人、绝世美人小野小町也被风葬于此。小野小町死前留下“若吾死去，勿烧勿埋曝于野，让饿狗果腹”的遗言，人们尊重了她的遗愿，对她进行了风葬。一代美人小野小町的尸首暴露于风雨之中，被鸟兽吞食，实在是让人唏嘘。

叡山电铁鞍马线的市原站附近有一座天台宗的寺院补陀洛寺(别名小町寺)。寺内有小野小町的供养塔以及她用作镜子的水井、小町灯笼等与小野小町有关的陈设。

寺庙里最具有视觉冲击力的是放置在本堂上的小野小町老年的画像。拥有人人艳羡之美貌的小野小町，在画中显得极为衰老。正因为她曾经太过美丽，所以这模样更让人哀伤。市原野被认为是小野小町度过余生的地方。现在的小町寺虽然有五个村落共用的墓地，但当时应该到处散落着死者的遗骸吧。

第三章

街名和地名中隐藏的谜团

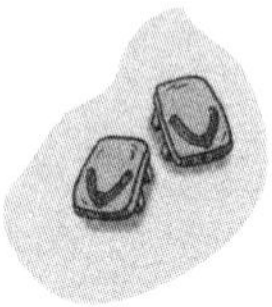

京都的“池”很可怕！

◆ 深泥池

国立京都国际会馆所在的宝池和位于贺茂川东岸的上贺茂神社（贺茂别雷神社）之间有一片湿地，湿地中央有一个周长约 1500 米、面积 9 公顷大的池塘，名为“深泥池”。深泥池只有宝池的六分之一大，宝池是用于灌溉的蓄水池，深泥池则是十几万年前形成的天然池塘。

深泥池的中央有古代植物泥炭化形成的浮岛，其植物群落在学术意义上非常珍贵，被指定为国家天然纪念物种。而随着深泥池的水蜘蛛——世界唯一的水栖蜘蛛的发现，深泥池更是名声大震。

深泥池也是京都为数不多的灵异场所之一。池畔水生植物茂密，即使在白天也充满一种让人不敢靠近的恐怖气氛。再加上池塘中央的浮岛夏浮冬沉，让这里变得更加神秘。

深泥池畔有许多野生的水生植物。据说这里曾经长有一种水草，名叫河骨。河骨是睡莲科多年生草本植物，因其白色根茎看起来像骨头而得名，可以作为止血剂和强壮剂入药。河骨这个名字听起来就有些恐怖，正如深泥池之名。深泥池池底堆积着数米深的淤泥，水看起来不深，但不论人还是动物，一旦陷入其中就会被吞噬。

因此，关于深泥池的怪谈不绝于耳，比如深泥池底堆积着许多白骨化的尸体，从古至今有无数人跳池自杀，池边会有幽灵出没、魂魄徘徊等等。

此外，还有更恐怖的传说。一名出租车司机搭载女乘客来到深泥池边，他朝后座一看，不知何时女子已经不见踪影，座位上只留下一团湿乎乎的头发。还有人说汽车行驶到深泥池附近，突然遭遇灵异现象，车子不受控制，自己开进了池塘。所以，一些出租车司机会尽量避开深泥池附近行车。

据说奈良时代，有一位名叫行基的僧人曾在此地修行，于是池面上出现了弥勒菩萨像。所以自古以来深泥池的名字写作“御菩萨池”，读作“midor-oike”；也有说法称深泥池是鬼怪前往人间的出入口，住在贵船深山中的鬼怪沿着地下水路来到深泥池，从这里上岸，去京都四处作恶；还有人说池塘的洞穴中就住着两个鬼怪。作为京都最古老的池塘，深泥池简直是个再灵异不过的地点了。

◆ 鵺池

湖泊和池塘常常是传奇故事的诞生地，比如秋田县田泽湖有辰子姬传说、滋贺县北部余吴湖有羽衣传说等。这些湖沼一般都具有一定的规模。但是在京都，小至一两步就能跨越的小池塘都隐藏着恐怖的传说。

据传平安时代末期，御所的清凉殿每晚都有怪鸟飞来，让近卫天皇伤透脑筋。此鸟名为鵺，叫声异常恐怖，且样貌奇特，猴头狸身，虎足蛇尾，光是想象就让人不寒而栗。近卫天皇每日受鵺困扰，噩梦连连，最终病倒了。为根除恶病，宫廷举行祈祷仪式，请御医调制药物，然而皆不奏效。眼见天皇病症愈加恶化，走投无路的皇室宗亲只好命射箭高手源赖政①来除鵺。

赖政随即同手下猪早太前往御所，等待放箭时机。传闻中的怪鸟在清凉殿一现身，赖政迅速放了箭，正好射中鵺。鵺扑扇着翅膀悲鸣坠落，天皇的病情从此开始好转。赖政作为铲除怪鸟的英雄受到热捧，得到了天皇的褒奖。

鵺坠落之处有一个小池塘，因赖政在那里清洗沾满鸟血的箭头而得“鵺池”之名。池塘位于二条城西北角的二条公园一隅，是个连鸟儿都无法戏水的毫不起眼的小池塘，旁边却竖有一块古老的石碑，上面刻着“鵺池碑”。

不过，这个池塘是1928年(昭和三年)昭和天皇继位时整修复原的，已不是赖政当年清洗箭头时的模样。池子北侧有一座小小的寺庙，其中供奉着那只被射落的鵺所化的鵺大明神。关于鵺的传说日本各地都有留存，据说东山区的冈崎公园曾经也有一座鵺冢。

距离京都市中心繁华的四条河原町不远的“下京区绫小路高仓西入神明町”，有一座很小的神明神社。它是在藤原忠路的故居旧址上所建的镇守神社，近卫天皇曾经将藤原忠路的故居作为皇居使用。据

① 源赖政(1104—1180)：日本平安时代末期著名武士。

说源赖政除鵺时曾在这里许愿，这里至今还收藏着那两只箭头。

◆ 赤池

从名神高速的京都南立交沿着京阪国道(国道1号)向南行驶1千米左右，有一个名为“千本路赤池交叉路口”的十字路口。赤池不是这里正式的地名，但常被用作附近的店名或公交站名。据说在这一带曾有过一个池水泛着红色的小池塘，其中隐藏着恐怖而悲伤的故事。

平安末期的武将远藤盛远，对同僚渡边渡的妻子袈裟御前萌生了爱恋之情。袈裟御前美丽端庄，远藤盛远对她一见钟情。远藤盛远执拗地劝袈裟御前离开丈夫，投入自己的怀抱。然而贞洁的袈裟御前不愿背叛丈夫，她乞求远藤盛远放过自己。但他完全不管不顾，而且扬言如果不能和御前在一起，就要杀害她的母亲然后自杀。为了不让母亲受到伤害，袈裟御前哀求远藤盛远杀死自己的丈夫：“如果真的想和我在一起的话，请杀了我的丈夫。这样我们就能在一起了。”远藤盛远不假思索地答应了。遵照袈裟御前的指示，远藤盛远半夜潜入渡边渡的卧室，一刀砍下了他的脑袋。远藤盛远欣喜若狂，以为美梦就要实现。可是当他瞟了一眼月光下的首级时却惊呆了，原来他砍下的并非渡边渡的脑袋，而是心爱的袈裟御前的，她替丈夫挡下了这一刀。远藤盛远一边哭泣，一边在附近的池塘里清洗砍下袈裟御前头颅的大刀。池水被鲜血染红，自那以后这个池子就被称为“赤池”。远藤盛远极为懊悔，他出了家，在熊野等各地的灵场修行。后来改名为文觉，复兴了高雄山神护寺。

距赤池的十字路口不远有两处袈裟御前的恋冢。一处在净禅寺，净禅寺因“京之六地藏”之一的鸟羽地藏而为人熟知。寺位于赤池十字以北、名神高速和鸭川的北侧，寺内有林罗山撰写的恋冢碑和袈裟御前的首冢。这座寺庙据传就是文觉上人所建。

另一处在赤池十字向南600米左右，位于鸭川东岸的恋冢寺。寺庙面积不大，本堂中安置着袈裟御前和丈夫渡边渡以及文觉上人的坐像。据说寺内的恋冢宝箧印塔是袈裟御前的首冢。

徘徊在“一文桥”的怨灵

京都市西南方与向日市和长冈京市接壤。这两个小城市作为京都的卫星城发展迅速，但是因为没有知名的景点，所以顺道而来的游客并不多。其实，这里并非没有可观光之处，因为迁都平安京之前日本的国都长冈京就位于向日市和长冈京市的交界处。

流经向日市和长冈京市的小畑川上，有一座耐人寻味的桥。小畑川属于淀川水系，发源于西京区的老坂岭，向东南方流入桂川，是一条长 30 千米左右的小河。那座桥正位于小畑川流经的西国街道附近，名叫“一文桥”。桥是混凝土建造的，看上去并无特别之处，但其实关于它，也有着恐怖故事。

小畑川虽不大，但每当下大雨河水就会泛滥，给沿岸造成巨大的危害。有时甚至连桥也会被冲走，让人们出行不便。一文桥作为西国街道重要的桥梁，每次洪水泛滥前都必须紧急加固。

对室町幕府来说，重建此桥成了很大的负担。为了筹集架桥费用，室町幕府在桥的两端设置关口，向来往的行人收取通行费。因为通行费是一文钱，所以桥的名字便成了一文桥。这座桥据说是日本第一座收费桥梁。

从当时的货币价值来看，一文钱绝对不算便宜。因此，有很多人试图骗过看守，不交通行费。

据说还有人为了不交通行费而游到对岸去。不按规定交费的人将会被处以重罚，看守一旦发现要逃费的人，一律斩杀。就因为一点通行费没交便被处以极刑，这在现在看来无法理解，但当时就是如此怪诞。

因逃费而被处死的人作为无名尸被埋葬。只是因为如此轻微的罪名就丢掉性命，他们的灵魂充满了怨念。到了夜里，怨灵就在桥周围出没，附近的人一整夜都可以听到充满怨恨的叫声："过桥啊!"真让人害怕不已。

不过，对于有些因为没有钱，想过桥但不能如愿的穷人，有些看守也会睁一只眼闭一只眼，半兵卫就是这样的看守。有一种说法认为俗话所谓的"装聋作哑的半兵卫"，意思便是"知道行人没有交通行费但装作没看到，放任其过桥的半兵卫"。实际上俗语中的"半兵卫"指的是战国时代丰臣秀吉的部下竹中重治，也就是竹中半兵卫。这座桥也是江户时代才建造的。

一文桥现在可以自由通过，桥端设有模仿一文钱的样子而建的石碑，距离阪急京都线的西向日站走路也就十几分钟，很值得去拍照留念。

“蹴上”是把什么踢上去了？

京都东山区北部的三条路向东走到尽头，有一处地方名为“蹴上”。“蹴上”是“蹴上去”的略称，听起来非常特别。这个地名背后也隐藏着令人战栗的恐怖传说。蹴上是指旧东海道越过东山丘陵后，进入市区之前的区域，曾经作为京都东面的入口而繁华一时。现在这里建有市营地铁东西线的蹴上站，车站的东北方是南禅寺，西南侧是一座很大的知恩院，还有很多文化教育设施以及别墅集中在这里。

说起蹴上出名的原因，就不得不提到琵琶湖疏水①的蹴上倾斜铁道和日本最初的水力发电站——蹴上发电站。蹴上发电站利用琵琶湖疏水的落差发电，为日本最早的市内路面电车提供了电力。在东京和大阪还在以马车作为主要交通工具的时代，京都已经诞生了近代化的电车。首都迁到东京以后，

① 琵琶湖疏水是位于日本滋贺县琵琶湖的一条人工水道，用于京都的灌溉、发电及日常用水。

京都作为近代都市依然能不断发展，很大原因就是有蹴上发电站的存在。现在，这里还有一座因可以赏杜鹃花而为人熟知的蹴上净水厂。

这一带为什么被称为蹴上呢？到底是把什么踢（蹴有“踢”之意）上去了呢？答案是“将被行刑者踢上去”。九条山原来有一处名为“粟田口刑场”的行刑场，如今被称作“山科区厨子奥花鸟町”。行刑场就位于蹴上净水厂南侧一带、旧东海道进入京都道路的延长线上。现在市营地铁东西线在旧东海道的下方运行，以前这条线是京阪电铁京津线。粟田口刑场附近也曾经设有“九条山”一站（1997年关闭）。

粟田口刑场曾是日本最大的行刑场，至江户末期大约有15000名罪犯在那里被行刑。行刑是公开的。山崎之战中败给丰臣秀吉，在逃亡中被农民杀死的明智光秀的首级曾被挂在粟田口刑场示众，以儆效尤。基督教徒也被在这里行刑。最早在日本传教的西班牙传教士弗朗西斯科·沙勿略从鹿儿岛登陆以后，为了向天皇求得传教的许可，首先来到了京都。由于有这样的背景，京都有很多狂热的基督徒。然而江户幕府随即开始对基督徒大肆镇压，京都有很多基督徒为信仰而丧生。

犯人被带去刑场时手被绑在背后。不管犯了什么罪，死到临头还是会怕到不会走路，快到刑场时就一直想往后退，不敢前进。因此，看守不得不一边从后面踢罪犯，一边把他们拽到刑场。据说从那时开始，粟田口刑场周边一带就开始被叫作蹴上了。

还有一种说法是，刑场上尸体到处滚落，如果不把尸体踢开就无法前行，因此这一带就被称作蹴上。

以前的刑场建有多座供奉死者亡灵的供养塔，但是据说到了明治时代的灭佛运动时，这些塔都被拔除，建塔的石材也被用作建筑材料。

洗过斩首刀的“血洗町”

位于京都东部的山科区有个叫“血洗町”的恐怖地名。此地位于 JR 东海道本线的山科站向西 1 千米左右的南侧一带。血洗町和蹴上这两个地名之间有很密切的联系。血洗町的正式名称是“山科区御陵血洗町”，从地理位置上来看，与蹴上只相距大约 2 千米。

蹴上地名的来源，除了上文介绍过的源自将罪犯强行踢到刑场之外，还有一种说法和源义经(牛若丸)有关。源义经在平治之乱(1159)中被抓起来关在鞍马寺，后来逃脱，在金卖吉次的陪伴下投奔奥州的藤原秀衡。金卖吉次是以买卖金属为生的商人，传说是他帮助源义经去往奥州。

源义经一行将要行至九条山的坡道时，偶然经过的平家武士关原与一的马踩到地上的水坑，溅了源义经一身水。愤怒的源义经不顾金卖吉次的阻拦，杀害了包括关原与一在内的主仆九人。

当时的道路自然不是水泥路，路上的水坑里多半是泥水。要是脸上被溅上泥水的话，源义经生气也情有可原。不过，即使对方是平家的人，这种程度的冒犯也不至于砍杀九人。这个故事与源义经这个人物留给人的印象相距甚远。蹴上附近的旧东海道曾安置着九座地藏，据说是附近村落的人为了供奉被源义经砍杀的九名武士的亡魂而造的。

后来九座地藏被迁移到了别的地方，具体的位置不得而知。不过其中一座被供奉在日向大神宫的参道旁，供往来东海道的旅人参拜，称为义经大如来。

九条山东侧一带曾经称作“九体町”，这个地名来源于源义经砍杀了九名平家武士的传说。

源义经砍杀了关原与一一行后，在九条山下的小池塘里清洗了沾血的刀，自那以后这个池塘就被称为血洗池。现在，京都药科大学校园内仍有一个名为“血洗池”的数米见方的小池塘。

此外，还有一种说法：源义经和金卖吉次一同前往奥州途中遭遇了盗贼，源义经斩杀盗贼后将沾满血迹的刀在池中清洗，池塘便被称为血洗池，这个地名一直留存至今。池塘附近还留有名为“义经休息石”的石头，据说源义经曾在此休憩。

奇妙的地名“Hoppara 町①”

九条山周边，还有一个以片假名表示的奇妙地名“Hoppara 町”。这个地名与其说奇妙，倒不如说恐怖更贴切些。这个“Hoppara 町”并非俗称，而是正式的地名，准确来说，地名是“日之冈 Hoppara

① Hoppara 町：原文是用日语片假名表示，ホッパラ町。

町”。在北海道，因为有很多阿依努①语地名，用片假名来表示并不少见，但在重视传统和文化的京都，用片假名表示的地名实属少见。就算在那少数片假名地名中，日之冈 Hoppara 町也是极其少见的地名。这个可能被认为是开玩笑一样的地名，其实有其渊源。

清水寺东面耸立着名为清水山(242 米)的小丘，小丘东边连着京都大学花山天文台所在的花山，标高 234 米。Hoppara 町是花山东麓那一区域的总称。其北侧是市营地铁东西线的御陵站，南侧则是 JR 东海道本线。不可思议的是，Hoppara 町其实是区划外领地②，京都市立陵之冈小学周边也在其范围内。Hoppara 町为何成为区划外领地这一点已经不得而知，但是它和之前介绍过的“蹴上”以及“血洗町”等地名有着紧密的联系。

Hoppara 町距粟田口刑场所在的九条山不远。在粟田口刑场，被斩首的罪人的尸体是如何处理的呢？应该就是挖坑掩埋，或者就那么随意抛弃暴露在光天化日之下。因此，Hoppara 町这个地名的由来，传

---

① 阿依努：日本北方的一个原住民族群。
② 区划外领地：不属所在地机构管辖的地区。

说和“埋葬”或“抛弃”有关。

在原野上挖坑掩埋尸体，因此附近的人开始把这里称为“掘原町”(Horihara 町)。后来读音变成了“Hoppara 町”，进而以片假名来标记。

还有一种说法，因为尸体被随意抛弃，无人过问，因此将抛尸之地称为“Hoppora”，后谐音读成“Hoppara”，然后用片假名来表示。不过，粟田口刑场所在的九条山和 Hoppara 町相距 1 千米以上，所以这个说法并不符合逻辑。

由此可见，掘原町读音转变而成了 Hoppara 町的说法更具有说服力。但是不论哪种说法，都无法改变 Hoppara 町背后令人毛骨悚然的事实。

“涉谷街道”为何是京都有名的灵异地点?

“涉谷街道”横跨东山区和山科区，街道狭窄，其走向与国道 1 号线平行。不太了解京都的人可能会将涉谷读作“shibuya”，实际上应该读作“shibutani”。涉谷街道其实就是现在的“京都府道 116 号涉谷山科停车场线”。作为从山科到京都的最短路线，涉谷街道曾经极受重视，但在东海道高速公路修好后，它就成了替代道路。

“涉谷”在江户时代写作“沈谷”“汁谷”“滑谷”等等，读作“shirutani”。京都话中把坑洼泥泞的道路称为“汁”。涉谷街道的坡道排水很差，再加上路面树叶堆积，路面变得非常滑，因此被称为“汁谷”，缩略后为“shirutani”，后来又谐音读成了“shibutani”，沿用至今。

泥泞的道路很难走，容易滑倒，也很危险。为了解决这个不便，1903 年(明治三十六年)修建了花山隧道(花山洞)。隧道宽 4 米、长约 40 米，与国道 1 号线上贯穿东山区和山科区丘陵地带的东山隧道南北相邻。自 1967 年(昭和四十二年)东山隧道开通以来，花山隧道便成为步行和自行车专用隧道，也成为京都数一数二的灵异之地。

花山隧道鲜有人通行，终日寂静昏暗，散发着诡异的气息。即使是炎炎夏日，进入隧道中也让人禁不住打寒战，起鸡皮疙瘩。夜里恐怖到没有人敢单身通过。

花山隧道之所以被认为是灵异之地，自有它的理由。有学者认为，涉谷这个地名源自“死人谷”。“死人谷”“死人泽”这种地名在其他地方也常出现，比如，三重县的四日市就有死人谷古坟群。

穿越花山隧道时，会看到身着和服的女鬼站在那里，隧道里会传来男人的呻吟，身后有脚步声一直紧跟不放，年轻男子的鬼魂打量着自己在事故中毁损的摩托车，隧道顶会滴下血滴等等，真真假假，关于隧道的恐怖传说不绝于耳。不过，确实有不少人在这里遭遇过灵异事件，通灵者也说花山隧道附近的确弥漫着灵异的氛围。

涉谷街道从京都三大风葬地之一的鸟边野中间穿过，不知曾有多少具尸体被搬运至此。当时这条路不但泥泞坎坷，夜里还常有盗贼出没。粟田口刑场也离这里不远，据说隧道中常会出现武士模样的鬼魂。就像川端康成的名作《雪国》开头写的那样："穿过县界长长的隧道，便是雪国。"穿过隧道之后就是另外一个世界。这个隧道正是现世与彼界的分界线，人间通往灵界的入口。

花山隧道的北侧有高仓天皇陵和六条天皇陵，南侧耸立的阿弥陀峰的山顶有丰国庙（丰臣秀吉之墓）。直到现在周围仍散布着许多墓地，京都市的火葬场也在附近。所以说发生灵异现象的条件足够充分。

“阎魔前町”曾经住过阎罗王！

耸立在京都市区北部的船冈山曾是贵族们的游乐之地。从位于船冈山南麓的大内里的正门朱雀门，到平安京的正门罗城门，南北笔直延伸的朱雀大路是平安京的中心道路。以这条大路为界，将平安京划分为西侧的右京与东侧的左京。左京作为平安京的中心繁华起来，而右京因湿地广布，逐渐衰败。由此，朱雀大路不觉之间成了平安京西侧的一条沉寂的道路。

现在的千本路就是曾经的朱雀大路，最后成了向风葬地莲台野运送尸体的通道。日复一日，这条路上往来着送葬的队列。道路的两侧修建起供奉死者的卒塔婆，数量据说达到了1000根以上。“千本路”这个地名据说也是来源于此。

千本路上有一座古老的引接寺，是以“千本阎魔堂”为人熟知的真言宗寺庙。正如寺名所示，这里供奉着阎罗王。将阎罗王作为本尊来供奉的寺院在全国也是极其少见的。引接寺位于上京区千本路庐山寺向北阎魔前町，阎魔前町这个地名也来源于此。也就是说阎魔前町住着能够裁量死者生前善恶以进行赏罚的冥界总领——阎罗王。引接寺的本堂中安置着高2.4米的阎罗王坐像，仿佛在冥界的入口注视着人间。

引接寺位于京都三大风葬地之一的莲台野的入口处，也就是说位于人间与彼岸的分界线上。小野篁为了吊唁送去莲台野的死者之灵，修建了一座小小的祠堂，在里面供奉自己亲手雕刻的阎罗王像。宽仁年间(1017—1020)，定觉上人将祠堂改建为寺庙，并开始举办大念佛舞的活动。据说引接寺由此起源。

引接寺的“引接”一词中也包含了人去世之时阿弥陀佛前来迎接，将其引领到极乐净土的意思。所以，直至今日引接寺也和六道珍皇寺等一样，会举行迎接先祖亡灵的“六道参拜”来作为中元节的祭祀活动。

“恶王子町”的恶王子是哪位？

京都市中心有一个听起来很恐怖的地名，叫“恶王子町”，位于乌丸五条的十字路口北侧。这个十字路口下面是市营地铁乌丸线的五条车站。王子町这个地名在日本各地都有，并不是很奇怪，可是冠以一个“恶”字就让人敬而远之了。这究竟是怎么回事呢？

“恶”是指违反道德或法律之事，恶魔、恶事、恶人、恶质、极恶、罪恶、邪恶等都是和正义无关的东西。有这个字的地名会让人感到恐怖和不吉利。

王子，是指帝王的儿子。未曾受封亲王的皇族男子也称王子。进而，恶王子町容易被认为是暴虐邪恶的帝王之子或皇族男子曾经住在这里。然而，这个恶王子绝非作恶多端的王子。那么他到底指的是谁呢？坦白说，这个恶王子指的就是素戋鸣尊。

神道教认为神的灵魂拥有两面性：一个是荒御魂，另一个是和御魂。荒御魂指神灵勇敢、好战、粗暴的一面，和御魂则是指神灵和平温柔的一面。恶王子的“恶”指的就是荒御魂。“恶”有“野蛮”“强势”等意义，由此可见恶王子并非“邪恶王子”，而是“勇敢而有男子气概的王子”的意思。

恶王子町的地名来自这附近供奉素戋鸣尊神灵的恶王子神社。这个恶王子神社建于974年(天延二年)，当时位于恶王子町以北约600米的地方，相当于现在的下京区东洞院四条向南。四条乌丸十字路口东南角还有一处“元恶王子町”。因为从974年到1590年(天正十八年)的约600年间，恶王子神社就位于此。现在这里也还留存有恶王子神社的小祠堂。

后来，恶王子神社迁往下京区乌丸五条向北恶王子町，之后又遵循丰臣秀吉的旨意多次迁移，1877年(明治十年)被移至位于东山区祇园町的八坂神社本殿的东侧。

素戋鸣尊是伊奘诺尊和伊奘冉尊之子。他是天照大神的弟弟，性格凶暴。这位素戋鸣尊大闹高天原，为此动怒的天照大神藏到了天岩户洞里，天地陷入昏暗。素戋鸣尊则被赶出高天原，来到凡间的出云。在那里他击退八岐大蛇救了栉稻田姬的命，表现出了勇敢的一面。由此，素戋鸣尊被冠以含有“强势有力”意思的“恶”字，被百姓称赞为“恶王子”。

令人毛骨悚然的“帷子之辻”

从JR嵯峨野线的太秦站向南200米左右的地方，有一个名为“帷子之辻”的京福电铁的车站。它是岚山本线和北野线的换乘站，车站南侧有一条名叫三条路的街道（府道 112 号二条停车场岚山线）东西贯穿。车站周边区域叫作帷子之辻町，是京都具有代表性的生僻地名。附近有东映太秦电影村和珍藏有头号国宝弥勒菩萨像的广隆寺，所以是到京都岚山方向观光的游客都会见到的地名。车站的周边有许多饭店和商业设施，形成了一个颇有规模的繁华街区。

这个帷子之辻留下了有关嵯峨天皇的皇后橘嘉智子的恐怖传说。橘嘉智子因在嵯峨创建了坛林寺，所以被称为“坛林皇后”。坛林皇后拥有倾国倾城的美貌。因为太过美丽，僧侣们个个对她萌生爱慕之心，无法安心修行。虔诚皈依佛教的坛林皇后为此忧心忡忡。

为了向僧侣们解说世事无常这一禅宗的教义，让他们断绝妄念，她留下了“死后不要埋葬，将我扔在十字路口做鸟兽饵料”的遗言，弃世而去。

世事无常，这个世界上的一切都在不断变化，没有什么东西是永恒的。“即使现在美丽，最终也会年老色衰。所以不要对我太过执着，应该全心投入修行。”坛林皇后应该是想表达这样的心意吧？人们遵照她的遗言，将其尸体放置在通往嵯峨途中的一个十字路口。这个十字路口就是帷子之辻。这里的“帷子”是指给死者穿的绢或麻质的衣物，也就是白色寿衣。

被扔在十字路口的坛林皇后的尸体很快开始腐烂，成了鸟兽的食物，被啄食得面目全非，最后成为白骨。目睹这景象的僧侣们，认识到那么美丽的坛林皇后也会成这般模样，感受到了世事无常，从此断绝了妄想，全心礼佛修行。

据说坛林皇后临终之时，请画师为自己绘制九相图。所谓九相图，是指按尸体腐烂成白骨过程中的九个阶段绘制成的九幅图画。想象着尸体腐烂后散乱在十字路口的坛林皇后的遗骸，以及认真观察并将其绘制成画的画师的姿态，真让人不寒而栗。

帷子之辻这一地名的由来还有另外一种说法：在为坛林皇后送葬途中，盖在棺材上的帷子被风吹落到一个十字路口。由此，这个十字路口就开始被称为帷子之辻。

第四章

京都到底曾发生过什么？

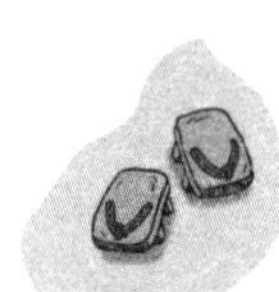

为何寺院天花板上会有血迹？

京都有些寺院天花板上会有血迹，而且这样的寺院还为数不少。已经确认的就有瑞云院（下京区岩上路五条向北）、养源院（东山区三十三间堂廻町）、荣春寺（伏见区桃山町）、宝泉院（胜林院小寺・左京区大原）、正传寺（北区西贺茂）、源光庵（北区鹰峰）、天球院（妙心寺小寺・右京区花园妙心寺町）、兴圣寺（京都府宇治市）、神应寺（京都府八幡市）等九处。

血迹如果是残留在地板或者墙壁上，尚能理解，为何天花板上会有血痕呢？是建筑过程中工人不小心受伤，将沾上血迹的木板钉到天花板上，还是在互相砍杀中体内的鲜血喷射到了天花板上呢？无论哪种猜测，都让人心中不安。

三十三间堂东侧的养源院就是一所因带血天花板而知名的寺院。寺院始建于1594年（文禄三年），是丰臣秀吉的侧室淀君为了吊唁父亲浅井长政而建造的，寺名据说取自浅井长政的法号（养源院天英宗晴）。养源院在1619年（元和五年）一度毁于火灾，后来由淀君的妹妹，也就是德川秀忠的妻子崇源院（阿江）修复重建。

这个养源院的带血天花板和关原之战的前哨战——伏见城之战大有关系。丰臣秀吉死后，德川家康与希望丰臣家复兴的石田三成反目成仇，两派剑拔弩张。在这种状况之下，家康将以家臣鸟居元忠为首的约1800名兵力留在伏见城，自己赶赴会津讨伐上杉一族。趁此间隙，石田三成率兵向防守薄弱的伏见城发起了总攻，一共带领了4万多人的大军。

据说家康率领主力军队远征会津，因此离开伏见城使其防守薄弱这一举动，正是为了促使反家康派举兵，从而制造关原之战的口实。对方有4万大军，胜负其实已定。但鸟居元忠军仍然以少数兵力，拼死守卫城池，坚持了两周。伏见城被攻下的次月，关原之战打响，家康军取得了胜利。在作为前哨战的伏见城之战中，舍身出战削弱了西军兵势的鸟居元忠军功不可没。

4 万大军向 1800 名士兵发起攻势，伏见城之战是极其惨烈的血战。战败的鸟居元忠军将士的鲜血飞溅到墙壁和走廊上，自刎的士兵的鲜血在地面汇成了红色海洋。尸体遍地，令人无处下脚。据说这些遗体在很长一段时间内都没有得到安葬，一直被弃置在那里。

据说养源院在重建时，使用了被拆毁的伏见城留下的废旧材料。为了纪念家康背后的功臣鸟居元忠等人，特意选取了带有血迹的木材来制作天花板，因此养源院本堂走廊的天花板上，残留着清晰的血手印和血足迹。抬头望去，当时那惨烈的场景仿佛历历在目。

三条河原的公开行刑和首级示众

东海道是 1601 年(庆长六年)由德川家康下令修

建的联结江户与京都的主干道。鸭川上的三条大桥为其西端起点，当年这里作为京都的玄关盛极一时，现在是京阪电铁本线和鸭东线交会处的三条站和市营地铁东西线交会处的三条京阪站，可以说是京都观光的起点。

三条大桥的河岸，也就是鸭川的河滩，被称作三条河原，现在是京都著名的约会胜地。看着这一带车水马龙的繁荣景象，你很难想象这里曾是京都最为恐怖的地方。

三条河原除了是刑场以外，也是抛尸之地。为了以儆后来，斩下的首级就被抛弃在三条河原上。从战国时代到明治时代，有多少人命丧于此啊！

其中最有名的要算安土桃山时代①的大盗石川五右卫门。1594 年(文禄三年)，五右卫门被处以最残酷的“锅煮”之刑。在市内被示众一圈后，他被带到三条河原，活生生扔进沸腾的油锅中。除了五右卫门和其盗窃团伙成员，五右卫门的子女也被以同样手法残忍杀害。镇守在东山区八坂神社南侧的大云院是为吊唁织田信长与信忠父子而建的净土宗寺

---

① 安土桃山时代(1573—1603)：织田信长与丰臣秀吉称霸日本的时代。

院，石川五右卫门的墓地就在寺内。

除此之外，三条河原还因丰臣秀次全族在此被处决而知名。丰臣秀吉的外甥、官至关白①的丰臣秀次，被丰臣秀吉冠以谋反的罪名流放至高野山。后来丰臣秀次被勒令在高野山剖腹自杀，首级被运到三条河原示众。在那之前，他的正室、侧室以及子女等一族30余人也都被一次处决。据说当时的三条河原被鲜血尽染。

丰臣秀吉为了巩固权力，仿佛在宣示“如果背叛我就是这样的下场”一般，在瑟瑟发抖的老百姓的注目之下，执行了极其残忍的酷刑。这场行刑一直持续到了日暮，连无辜的孩子也未能幸免。丰臣秀吉就是这样一个为了捍卫自己的权力和地位，连亲族都不会放过的残忍武将。

这30余人的尸体被填埋在三条河原上，旁边还立了一座刻有“秀次恶逆冢”字样的石塔。1611年（庆长十六年），在角仓了以主持的高濑川挖掘工程中，这个石塔被发掘出来。角仓了以削除了石塔上的“恶逆”二字，并在附近修建了殿堂，纪念丰臣秀

---

① 关白：日本古代职官名，为辅助天皇、将军总理万机的重要职位。

次一族。这就是鸭川西岸三条大桥边的瑞泉寺。寺内有丰臣秀次的供养塔和被处决的30余人的五轮塔。

在一分天下的关原之战中，败给德川家康的石田三成的人头也被扔在三条河原示众。新选组①的局长近藤勇在武藏国(东京)的板桥刑场被斩首后，首级也被运到三条河原。三条大桥作为当时的交通要道，车水马龙，熙熙攘攘，可以说是杀鸡儆猴的绝佳场所。

现在的鸭川水流清澈，岸边年轻的情侣们在诉说衷肠，仿佛这段黑暗的历史从未发生过一样。

处死基督徒的六条河原

比三条河原有过之而无不及的刑场还有六条河原。六条河原这个地名现在已经不复存在，如今五条大桥到七条大桥之间的鸭川河岸区域就是当年的六条河原。在权力斗争中败下阵来的人会被拖到六

① 新选组：日本江户幕府末期亲幕府的浪人武装团体。

条河原，毫不留情地公开处决。平安时代以来，那些在历史上大名鼎鼎的人物不知道有多少在此被处以极刑。

由皇室内部纷争发展而来的保元之乱、平治之乱中，失势的源为义、平忠正以及藤原信赖，以及在别称“源平合战”的治承·寿永之乱（1180—1185）中失败的平能宗和藤原忠清都在这里被处决。像这样，每当国内发生动乱时，六条河原就会变身行刑场，吸引成群看热闹的人们围观。

1600年（庆长五年）9月，在石田三成的西军和德川家康的东军激烈对峙的关原之战中，东军大胜，德川家康得以手握霸权。战败的石田三成从战场脱逃，最后被捉住，和西军将领小西行长、安国寺惠琼一起，被带回大阪的堺市，后来又被押送至京都，在六条河原遭到处决，斩下的首级便在三条河原示众。

除此之外，在因方广寺钟铭事件引发的大阪之战（1614—1615）中败北的长宗我部盛亲，与其丰臣一方的余党等，也在六条河原遭到处决。方广寺钟铭事件的起因是丰臣秀赖发起重建的方广寺大佛殿梵钟上的铭文中有“国家安康”“君臣丰乐”等文字，“国家安康”中“家”和“康”二字分割，被认为有诅咒德川家毁灭之嫌，而“君臣丰乐”则被认为寓意丰臣家会成为君主并繁荣发展。这一事件成为丰臣一族覆灭的导火索。

长宗我部盛亲在关原之战中隶属西军，还没得到出战机会就败阵撤退。盛亲的领地被没收，还失去身份，沦为浪人。为了挽回名誉，他参加了大阪之战，然而最终失利，连同子女六人在六条河原被斩首，首级被运至三条河原示众。

五条路的南侧(下京区富小路六条向北)有名为莲光寺的净土宗寺庙，寺内有长宗我部盛亲的墓。据说该寺与盛亲素有交情，于是将示众的首级收回厚葬。另外，寺内地藏堂中安置了高约 2.4 米的石制驹止地藏尊佛像，别名“斩首地藏”，据说是为了供奉被处决者的亡灵而修建的。

六条河原也处死过基督徒。对基督徒的镇压始于丰臣秀吉时代，到了德川幕府时代的 1612 年(庆长十七年)，开始了大规模的迫害，下令禁止传教，摧毁教会。1619 年，众多教徒被捕入狱，其中有 8 名死于狱中。二代将军德川秀忠更下令处死基督徒，这就是日后被称为“京都大殉教”的基督徒屠杀事件。

52 名基督徒被押上 8 辆大车，在市内游街示众后，带到六条河原（现在的正面桥附近），随后被绑在27座十字架上处以火刑。这52人中有11名儿童，有的甚至是被母亲抱在怀里，哭叫着死去的。

鸭川上的正面桥东侧桥墩附近，立有刻着“元和基督徒殉教之地”的石碑。

发生在御所鬼门的“猿之辻之变”

人们不管遇到什么事，都想讨个好兆头，“这个是能开运的东西”“那里风水不好，最好不要去”等等。毫无疑问，平安京就是严格考察了风水后建造起来的都城。

在日本，东北方向，即十二地支中的丑寅（丑和寅之间）方向被认为是“鬼门”。鬼门作为恶灵出入的不吉利方位遭人厌忌，所以自古就有在那个方向安置降魔之物的风俗。

京都御所也有鬼门，被称为“猿之辻”。为何御所的鬼门被叫作猿之辻呢？那是因为皇宫围墙的瓦檐下，放着一座头戴乌帽、肩扛币帛的猿猴雕像。这只猴子担当着防止恶灵从鬼门入侵的除魔职责。

据说它是守卫御所鬼门的比叡山的守护神——日吉大社（在滋贺县大津市）的使者（神猿）。而猴子之所以会被当作神的使者崇拜，一说是因为日语里“猿”的读音与“灾难散去”的“散去”读音一致。还有一说，鬼门的丑寅方位相对的西南方位是未申，所以人们相信猴子具备与恶灵对抗的能力。

不可思议的是，猴子雕像被一张金色的网覆盖着。据说是因为猴子到了夜里会出来作恶，人们为了不让它出来才设置了网。

还有一处令人费解：东北角猿之辻那里的围墙向内侧凹陷。第一次到访的人一定会疑惑：为什么只有这里是凹进去的呢？此处凹陷有损御所的美观。这其实也是有原因的。人们认为，只要让鬼门凹陷失去棱角，就可以让这个建筑没有鬼门。也就是说，没有了恶灵的入口，自然也就不会遭受灾难。

关于鬼门的禁忌直到现在依旧存在。盖房子的时候，大多数人家都不会将玄关设在鬼门所在的东北方向。浴室以及厕所还有厨房等用水的地方，也尽量不设在鬼门方向。和东北方向的鬼门相对，西南方向被称为“里鬼门”。位于八幡市的日本三大八幡宫之一的石清水八幡宫就是守护里鬼门的神社。

幕末时代，猿之辻发生过一个大事件，即 1863

年（文久三年）的姊小路公知暗杀事件。姊小路公知是倡导尊王攘夷（绝对拥护天皇的权威，排斥要求开国的外国人）的公家贵族。

当时公知刚刚参加完御所会议，返家途中经过御所东北角时，毫无防备地被刺客斩杀。因为暗杀现场就在猿之辻附近，因此这个事件得名“猿之辻之变”。事变的第二天，朝廷展开了严密的搜查，萨摩藩士田中新兵卫作为嫌疑人被捕。但他在拘留时自杀，所以真相无从查明。

然而，猿之辻之变并不只是一位倡导尊王攘夷的贵族被暗杀的事件。这个暗杀事件成为之后的文久政变的导火索。所谓文久政变，是指猿之辻之变发生三个月后，8 月 18 日，以会津藩和萨摩藩为主导的公武合体派（朝廷与幕府一体化，以整合强化幕藩体制为目标）将尊王攘夷派的长州藩赶出京都的事件。

守卫堺町御门（京都御苑南侧门）的长州藩藩士察觉到公武合体派的异动，迅速在御门集结，然而为时已晚。堺町御门已经被会津藩和萨摩藩两藩的藩士严密防守。于是，长州藩藩士被迫卸去堺町御门的警卫职务，离开京都。文久政变又被称为“八月十八日政变”，是幕末时代左右京都政局的大事件。

那么，究竟是因为猿之辻是鬼门，所以才发生了暗杀事件，还是因为鬼门放置的猴子被金网罩住，所以才无法阻止猿之辻暗杀事件呢？

在蛤御门拉开战争序幕的“禁门之变”

在迁都东京以前，京都御所一直是天皇居住、办公以及举行各种仪式的地方，可以说是京都的心脏。然而到了幕末时代，这里变成了激烈的战场，无数血腥事件在这里上演，无数人在这里丧生。其中，禁门之变就是代表性事件，整个京都也因其遭受了大火的洗礼。

文久政变中被赶出京都的长州藩，试图恢复藩主毛利敬亲、毛利定广父子的名誉，提出让被流放的七名公卿返京等要求，然而未被朝廷接受。于是，长州藩使出了排除公武合体派、夺回京都的强硬手段。被逐出京都的第二年，即 1864 年(元治元年)7 月，长州藩派军进攻京都，与公武合体派的会津藩、桑名藩士兵在皇居西侧的蛤御门处激战。这就是尊王攘夷派和公武合体派的武力冲突事件——禁门之变。

长州藩兵攻破了筑前藩守卫的中立卖御门，进入御所。一开始，长州藩一方占有优势，然而坚守乾御门的萨摩藩兵来袭，形势一举逆转。长州藩最终败北，死伤无数。战败的长州藩士兵们为了泄恨，放火烧了自家屋宇后逃跑。大火借着北风向南蔓延，从现在的中京区到下京区，几乎整个京都城都被殃及。烧毁的房屋达 3 万户以上，东本愿寺和本能寺也在这次大火中烧毁。

武力冲突时，在蔓延的大火中铁炮炮弹横飞，所以京都人称这场大火为“咚咚烧”。“咚咚”就是铁炮发射的咚咚声。“咚咚”在日语中也有“越来越”的意思，所以“咚咚烧”也有“越烧越厉害”的意思。禁门之变中，长州藩也向御所发射了炮弹，于是被贴上了“朝廷公敌”的标签。此事成为幕府追究长州藩责任而发起的第一次长州征伐的开端。

另外，这次武力冲突之所以又称为“禁门之变”，是因为御所别称“禁里”，禁止随意进入。“禁门”并非特指某一个固定的门，御所所有御门都是禁门，确切地说是指“禁里的某一个门”。尊王攘夷派与公武合体派的武力冲突发生在御门周边，所以被称为“禁门之变”。这场纷争因为发生在 1864 年(元治元年)，是甲子年，所以又被称为“元治之变”或者“元治甲子之变”。此外，禁门之变又被称为“蛤御门之变”，原因是武力冲突发生在蛤御门附近。蛤御门的门柱上至今还留有弹痕，提醒人们当时的战争如何激烈。

蛤御门是京都御苑的九个大门之一，面向乌丸路，正式的名称是“新在家御门”。然而如今蛤御门已经成了通称，说起新在家御门，许多人反倒不知道是在哪里。

那么，为什么通称为蛤御门呢？因为新在家御门平常门禁森严，很少开放。然而在1788年（天明八年）的“天明大火”中，御所也受了灾，为了确保逃生，打开了很少开放的新在家御门。那景象仿佛被火烧了以后张开嘴的蛤蜊一样，于是便有了蛤御门的称呼。

“千两松”是鸟羽·伏见之战的激战场

伏见区有一个千两松町，位于从京阪国道（国道1号）宇治川大桥到宇治川下游区域。“千本松”或“千本松原”这样的地名在其他地方也有，可是“千两松”这个地名却非常少见。据说因为丰臣秀吉在宇治川河堤上种植的松树异常繁茂，此地便被命名为“千两松”。

1868年(庆应四年)到次年，以萨摩、长州两藩为中心的新政府军与旧幕府势力之间的戊辰战争由鸟羽·伏见之战点燃，双方激烈交战的战场就位于千两松一带。宇治川与桂川之间湿地辽阔，战斗就在此展开。

伏见之战中战败的旧幕府军选择撤退，在千两松重新布阵迎击新政府军。由于千两松周边多湿地，无法像关原之战那样广布兵力，所以交战基本都在宇治川的河堤上进行，迎击敌方的旧幕府军无疑占据了地理上的优势。交战初期，情况也和预想的一样，兵力上占优的旧幕府军占了上风，新政府军处于下风。

然而旧幕府军一方的指挥官不幸战死，指挥系统的混乱被新政府军察觉。开始使用枪火之后，形势一举逆转，作为主力的会津藩以及新选组等旧幕府一方死伤者激增，因此不得不选择败退，打算求助于淀藩，以期在淀城重整旗鼓。

淀城的城主稻叶正邦曾任老中①一职，淀城可

① 老中：江户幕府负责统领全国政务的最高官职。

以说是幕府方的一个据点。但是，当时的城主稻叶正邦滞留江户，不在城中，委派其兄弟田边治之助代为守城。田边治之助虽然开始在藩内分裂的情况下保持中立，但是后来受到朝廷书状的影响，开始偏向勤王派。因此无论旧幕府军怎么请求，他都没有打开城门。

旧幕府军被这意料之外的状况打乱了阵脚，无奈之下，只能后退到宇治川对岸的桥本方向（现八幡市）。

在京都赛马场北侧运行的京阪电铁本线与洛南9号水路之间，即现在的伏见区纳所下野附近，传说是东军（旧幕府军）和西军（新政府军）激战的千两松战场，附近建有告慰牺牲亡灵的“史迹戊辰役东军西军激战之址”以及“戊辰役东军战死者埋骨地”等慰灵碑。关于这里的慰灵碑，也流传着恐怖的传说。

1970年（昭和四十五年）京都赛马场扩建，挡道的慰灵碑便被挪走了，在那之后工地事故频发。不止如此，据说新选组成员的怨灵每晚都会出没，还叫喊着：“换回到原来的地方去！”施工人员也觉得恐怖，这样下去可能还会遭遇事故，于是便拜托管理慰灵碑的妙教寺好生供奉，又将其迁回原来的位置。自那之后怨灵便不再出没，施工再也没有出过事故。

第五章

“那个人”的葬身之地

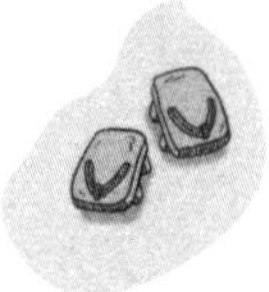

本能寺是织田信长的葬身之地吗?

在京都这个千年之都度过生命最后时光的历史人物非常多，除了病亡的，死于非命者也不在少数。其中最有名的应该就是织田信长了。

1582 年(天正十年)3 月，织田信长消灭了甲斐的武田胜赖，在即将实现一统天下的同年 6 月，其家臣明智光秀谋反，织田信长葬身于本能寺，这就是日本众所周知的本能寺之变(1582 年 6 月 2 日)。至于明智光秀为何要背叛自己的主公信长，一直是个谜。

织田信长一统天下的过程中，中国地区[1]的霸主毛利一族是很大的障碍。于是织田信长于1577年(天正五年)命令羽柴秀吉[2]出征讨伐。羽柴秀吉于同年10月以播磨为切入口，转战各地扩大势力范围。1582年3月进入备前·备中地区，接连攻陷城池，同年5月包围了备中高松城(冈山市北区)。然而备中高松城是个易守难攻的要塞，羽柴秀吉在这里遭遇苦战，同年5月向织田信长请求援军。

收到求援信息后，织田信长整编了支援羽柴秀吉的军队，令他们在安土城待命。为了让军队能随时出征前线，织田信长只带了随身护卫前往京都。正是这一安排造成了致命的后果。作为先军准备前去支援中国地区的明智光秀，抓住这一时机举兵谋反，从丹波的龟山城掉头急行回京都，率领13000人的大军袭击了织田信长留宿的本能寺。熟睡中的织田信长被光秀军包围，无奈之下放弃逃跑，放火烧了本能寺后自杀身亡。织田信长万万没料到会遭到家臣背叛，人生的最后时刻一定悔恨不甘。

和织田信长一同前往京都，借宿在妙觉寺(上京

---

① 中国地区：日本一个大地域概念，位于日本本州岛西部，包括鸟取县、岛根县、冈山县、广岛县和山口县。

② 羽柴秀吉：即丰臣秀吉。

区上御灵前路小川向东）的信长嫡长子织田信忠在得知明智光秀谋反并袭击本能寺后，立刻派兵出击。然而，彼时的本能寺已被熊熊大火包围。在得知织田信长自尽的消息后，织田信忠率兵占领了诚仁亲王的住所——二条新御所应战。然而，面对明智光秀军的攻势，他也无奈地选择了自尽。织田一族随着信长和信忠父子之死而走向衰落。

那么，在本能寺大火中自尽的织田信长的遗体最后流落何处呢？和织田信长有私交的清玉上人带了二十几名僧人赶往本能寺，将织田信长及其家臣的遗体藏进法衣中悄悄带走，在相国寺东侧的阿弥陀寺（上京区寺町路今出川向北）将遗体埋葬。之后，又从二条新御所将织田信忠的遗体带回，同样安葬供奉。因此，阿弥陀寺内的墓地中有信长和信忠父子之墓。

本能寺位于京都市政府所在的御池路对面，是法华宗本门流的大本山，寺门面向寺町路，本堂南侧有七院塔头。寺内有织田信长的公庙，所以有不少游客误以为这里就是信长殒命之地，他们一边感慨着“本能寺之变就是在这里发生的啊”，一边拍照留念，可是很遗憾，本能寺之变并不是在这里发生的。织田信长自尽的本能寺位于现在的本能寺西南方向1.5千米处，那里被烧毁的寺堂遗迹(中京区小川路蛸药师元本能寺町)处留有刻着“本能寺迹”的石碑。

本能寺之变中被烧毁的寺堂原本已着手再建，但是后来完成了天下统一的丰臣秀吉进行了大规模的都市改造，京都散布各处的寺庙都被集中于一处，于是本能寺被移建到现在的位置，得以重新翻建。

像本能寺这样历经劫难的寺庙应该是没有第二座了。1415年(应永二十二年)，日隆圣人在五条坊门一带(现下京区西洞院佛光寺)创建了最初的本能寺。当初名为“本应寺”，之后由于宗教纷争，本应寺被他派教徒摧毁，辗转移建至许多地方，寺堂也多次被烧毁。

本能寺移建到现址之后灾难频仍。天明大火以及蛤御门之变中，寺堂都被烧毁过。本能寺从古至今不断遭遇火灾是否和“本能寺”这一寺名有关？本能寺的“能”字右半部分是日文中“火”的重叠，被认为很不吉利。于是，后来将“能”字右边改成“去”，意为火灾退去。

面向河原町路的本能寺后门的石柱以及本能寺迹的石碑上的“能”字右半部分都写的是“去”字。

明智光秀的葬身之地在“明智薮”

奉织田信长之命远征中国地区的羽柴秀吉于1582年(天正十年)3月进入备前·备中地区，后逐个攻陷城池，同年5月攻入备中高松城。备中高松城周围泥池广布，易守难攻，即使是丰臣秀吉也迟迟难以拿下，于是向织田信长请求援军。随后，织田信长在本能寺遭家臣明智光秀谋反而无奈自尽的消息传来，丰臣秀吉大惊失色，中断了对中国地区的讨伐，和毛利氏握手言和。为了给主公报仇，他率领大军紧急返回京都，这就是俗称“中国大返还”的急行军。

明智光秀得知丰臣秀吉的军队接近京都，立即率兵前往摄津方向。在位于摄津和山城边界的山崎(今京都府大山崎町和大阪府岛本町)，光秀军和秀吉军展开激战。这就是所谓的“山崎之战”。

桂川、宇治川和木津川在山崎附近合流。山崎北侧是连绵的山地，山地最前端耸立着天王山(270米)，山崎就位于天王山和三条河之间的狭小地带。因此，从京都向西必须经过山崎。现在的东海道新干线、东海道本线、名神高速公路等联结东西的干线道路全部都经过山崎。显然，山崎为兵家必争之地，天王山也数度成为战场。

秀吉和光秀两军的攻防战就在天王山山麓展开，因此山崎之战也被称为“天王山之战”。因为能否打下天王山会决定战争最后的结果，后来人们都会以秀吉和光秀两军的战争为比喻，将胜负的分界点、决定命运的大场面或是决定胜负最重要的阶段称为“天王山”，正所谓“得天王山者得天下”。

秀吉军集结了大约 4 万人，明智光秀却没能将周边的势力引为己用，只有 16000 多人，不到秀吉军规模的一半，兵力悬殊，因此，秀吉军一方占有压倒性优势，胜负很快决出。从得知织田信长的死讯到布阵山崎只有十几天，动作迅速成为秀吉军胜利的关键。而明智光秀没能集结到足够的兵力，被迫在山崎应战，成了他最大的败因。另外，丰臣秀吉强大的军事战略能力也远在明智光秀之上。明智光秀讨伐了织田信长，成为天下共主，但时日太短，被人们揶揄为“三日天下”。

战败的光秀军四散而逃。明智光秀逃回大本营背后的胜龙寺城（长冈京市・胜龙寺城公园/胜龙寺城迹），又和几名贴身随从一起，连夜离开胜龙寺城，向居城坂本城（滋贺县大津市）逃去。然而，在穿过桃山丘陵小栗栖的竹林时，被专门针对落单武士的土民用竹枪刺死。这里后来被称为“明智薮”。

不过，关于这一点还有许多其他说法，有的说袭击明智光秀的是盗贼，也有的说是小栗栖城中织田信长近臣的武士集团，还有的说是光秀逃回坂本城之后，在家臣的帮助下剖腹自尽。不过，明智光秀死于小栗栖的明智薮基本是大家的共识，小栗栖城（小栗栖八幡宫）附近留有刻着“明智薮”的石碑。

但不知为何，明智光秀的首冢却在离小栗栖很远的东山区梅宫町。流经知恩院西侧的白川，岸边有一家名为“饼寅”的点心店，从店旁小巷进去便能看到一个小祠堂和五轮塔，那就是光秀的首冢。据说，明智光秀的随从砍下在小栗栖殒命的明智光秀的头，走到知恩院附近时正好天亮，就在这里埋葬了首级。这个点心店售卖“光秀馒头”。

千利休的首级曾在一条戾桥示众

即使对茶道完全不了解的人，至少也听说过千利休这个名字。千利休是安土桃山时代的茶道大家，作为丰臣秀吉的亲信在政治上也发挥了极大的影响力。然而，不知千利休的何种举动触怒了丰臣秀吉，被迫切腹自杀。虽然当时千利休已经70岁高龄，但仍然可以说是悔恨不甘而死。

茶道有许多流派，据说有300种以上。其中的主流是千家流，其始祖就是千利休。千家流分为表千家、里千家、武者小路千家三大流派，这三大流派合起来称作三千家。

千利休死后，养子少庵继承了千家流，之后少庵之子宗旦得以继任，继承了千利休的茶室不审庵。后来宗旦将不审庵传给了三子宗左。这个不审庵是千家流的本家。宗旦隐居后在不审庵后修建了今日庵，和四子宗室共同生活。宗旦死后，宗室继承了今日庵并获得独立。由于今日庵在不审庵之后，所以被称为里千家，而本家则开始被称为表千家。后来宗旦的二子宗守从养父母处回来，创立了官休庵，位于京都御苑西侧的武者小路路，所以被称为武者小路千家。

由此，千家流由宗旦的三个儿子继承并蓬勃发展。然而到了明治时代，致力于茶道大众化的里千家突然急速扩张势力，在学校教育中也导入了茶道。

在学校的课外活动中传授茶道的几乎都是里千家。堀川路向东的小川路上，表千家和里千家的宅邸安静地坐落在此。附近有表、里两家的茶道会馆以及茶道资料馆，成了京都的一处观光景点。

至于千利休为什么被丰臣秀吉勒令剖腹自杀，其中迷雾重重。千利休出身于堺市（和泉国）的商人世家，年轻时就熟悉茶道。织田信长管辖堺市时，看中他的才能，雇其为茶头，织田信长死后他开始服务于丰臣秀吉，慢慢崭露头角。

1585 年（天正十三年），丰臣秀吉就任关白时，在小御所举行了禁中茶会，千利休向正亲町天皇献上了茶汤。两年后的 1587 年，千利休主持的北野大茶会取得了巨大的成功，他也因此得到了丰臣秀吉的信任，确立了自己作为茶匠的地位，古田织部、细川忠兴等大名也拜他为师。慢慢地千利休开始参与政治，但因为在茶道价值观上的差异，他开始与丰臣秀吉产生了隔阂。

1591 年（天正十九年）2 月，不知出于何因，丰臣秀吉命千利休回到堺市，让他在家中禁足思过。据说千利休在整修大德寺的三门（金毛阁）时，因将自己穿着高跟木屐的木像放置在三门二楼而触怒了丰臣秀吉。因为丰臣秀吉也会从三门通过，他怎能容忍自己从一介茶匠下方经过，被他踩在脚下！

丰臣秀吉命人将千利休的木像从三门移走，在一条戾桥腰斩。但这无法平复他心中的怒火。他将千利休从堺市叫回京都，命其在聚乐第(上京区葭屋町路一条向北)切腹自杀。这样还不罢休，他又命人将千利休的首级斩下，垫在千利休像下示众，手段残酷至极。

千利休被迫切腹自杀的原因众说纷纭，除了在三门二楼放置自己的木像以外，还有将便宜的茶器高价出售中饱私囊，茶道价值观与丰臣秀吉产生冲突等说法。此外，也有人猜测是因为丰臣秀吉想纳千利休的女儿为妾，遭到千利休的拒绝。但是，最为重要的应该是，在大名之间名望颇高的千利休对政治的影响力越来越大，让丰臣秀吉感到不安。事实上，千利休被丰臣秀吉下令切腹时，作为其弟子的大名们曾企图夺回千利休。为了阻止大名们，传说上杉景胜派军队团团包围了千利休切腹的聚乐宅邸。

后来，千利休的弟子古田织部也受命剖腹。丰臣秀吉死后，作为德川家茶道师的古田织部因为受到重用而拥有了政治上的影响力。大阪之战时，古田织部被怀疑私通丰臣秀吉一方，德川军攻下大阪城后他受命切腹而死。

在大德寺的佛塔——聚光院中，有千利休等三千家的家族墓地。为了纪念千利休，聚光院中的茶室闲隐席每个月都会举办茶会。自千利休离世至今400年间，其茶道传统一直延续下来。

东国第一美少女驹姬的悲剧之死

战国时代的武将丰臣秀次，是丰臣秀吉之姐丰臣日秀的长子，作为丰臣秀吉的左膀右臂转战各地。因在1590年(天正十八年)的小田原征伐以及奥州平定(奥州惩罚)中功绩显著，他成为百万石大名。对丰臣家来说，丰臣秀次是重要的存在。丰臣秀吉和淀殿的长子(鹤松)3岁时夭折，丰臣家失去后继之人，秀吉便将关白之位让给丰臣秀次，计划由其来继承丰臣家。但是，两年后丰臣秀吉和淀殿的次子(秀赖)出生后，形势急转直下。

丰臣秀吉非常后悔将关白之位让给了秀次，他无论如何也想让丰臣秀赖继承丰臣家的天下。于是，一直以来深受信任的秀次开始成为丰臣家的障碍。

丰臣秀吉诬陷丰臣秀次图谋造反，将其流放到高野山，秀次一族则被幽禁在丹波的龟山城中。

蒙受冤屈的丰臣秀次于1595年（文禄四年）7月，被勒令在高野山切腹（前述见本书第四章），他的十名亲信也未能幸免。丰臣秀次的首级由丰臣秀吉在伏见城认真检视后，被运到三条河原示众。然而，这样的处分还是不能让丰臣秀吉罢休，他试图从根本上消灭丰臣秀次一族。

他命人将被幽禁于龟山城中的秀次一族30多人带回京都，强迫他们身着寿衣在城中游街。这些人最后被押至三条河原，在丰臣秀次的首级前一一被处死。其中包括秀次的正室、侧室，他宠爱过的女子以及和秀次有血缘关系的人，就连幼童也未能逃脱。丰臣秀吉手段之残忍，实在无法描述。

在被处死的30余人中，有一位名为驹姬的美女。她是山形藩初代藩主最上义光（伊达政宗的伯父）的次女，被誉为东国第一美少女。她的美貌人人皆知，最后传到了关白丰臣秀次耳中。1591年（天正十九年），丰臣秀次经过山形城，一见驹姬，惊为天人，便向最上义光提出想纳驹姬为侧室的请求。起初，最上义光以驹姬只有11岁为由拒绝了，但是经不住位高权重的丰臣秀次的再三要求，答应等驹姬15岁时，将她嫁与丰臣秀次做侧室。四年时光如白驹过隙，最上义光怀着悲痛的心情将自己宠爱的驹姬送到丰臣秀次身边。最上义光无论如何也没有想到，这是一连串悲剧的开始。

1595年（文禄四年）7月，丰臣秀次在高野山切腹自尽时，驹姬才刚刚到达京都，还没有正式成为丰臣秀次的侧室，甚至连丰臣秀次都没有正式见过。即使这样，她依然被作为行刑对象，实在是太没有道理了。最上义光为了挽救女儿四处奔走，但是丰臣秀吉却无动于衷。

丰臣秀吉身边也有人为驹姬鸣不平，就连淀殿也出面为驹姬请命，丰臣秀吉实在无法充耳不闻，于是决定将驹姬送到镰仓出家为尼，免其死罪。但是，当使者快马加鞭赶去三条河原传达这一命令时，驹姬已经被处死了。

听闻驹姬被处死，最上义光之妻大崎夫人大受打击，骤然去世。最上义光最爱的妻女同时撒手人寰，这巨大的悲痛让他无法承受，可以想见他对丰臣秀吉多么怨恨。最上义光在故乡山形县建了专称寺祭奠驹姬亡灵，寺内有驹姬的墓。

驹姬离世五年之后的关原之战中，最上义光加入德川家康率领的东军一方和石田三成激战。可以说，秀吉对秀次一族的残酷迫害，特别是对驹姬的无情杀害，加速了丰臣家的灭亡。

新选组初代局长被暗杀之地

平安京建成以来，京都战乱纷争不断，无数人死于非命。特别是幕末时代的京都，勤皇的志士与新选组等武力集团活跃，血腥事件频频上演。

自从日本迫于西欧诸国的压力开国以来，德川幕府的势力急剧衰落。倒幕活动开始活跃，治安恶化，政治环境非常不安定。在这样的背景下，诞生了新选组。新选组是德川幕府为了维持治安，召集武艺高强的流浪武士组成的警卫队。新选组最主要的任务是镇压为了推翻幕府而奔走的尊王攘夷派势力。

幕府接受了庄内藩士清河八郎的建议，在江户招募没有编制的武士组成浪士组。1863 年(文久三年)2 月，浪士组以护送第十四代将军德川家茂上京为名前往京都。后来发现浪士组的指挥清河八郎和尊王攘夷派私通，企图推翻幕府之后，浪士们又被召回江户。但是，主张自己的任务只是保护将军的芹泽鸭、近藤勇以及土方岁三等浪士留在了京都，被编入京都守护松平容保麾下。他们在京都郊外壬生村（中京区坊城路绫小路向南西侧）的八木家建立屯所，成立了新选组。

新选组负责将军的贴身保卫并维持治安，最大的目的是镇压勤皇的志士。他们行为激进，常使人感到惧怕。现在提到新选组，人们首先会想到近藤勇和土方岁三等人，但新选组的初代局长其实是水户藩的浪士芹泽鸭。

芹泽鸭是新选组的统帅，本应受到队员们的尊敬和爱戴，然而他性情凶暴，在各地不断滋事，毁坏器物、剪断不遂自己心意的艺伎的头发、恐吓他人等等，队员们为他的蛮横大伤脑筋。

1863 年（文久三年）9 月的一个雨夜，新选组的屯所八木家中潜入了几名刺客，刺杀了烂醉如泥的芹泽鸭和其心腹平山五郎。芹泽鸭的爱妾小梅也惨遭杀害。这其实是新选组内部的暗杀，芹泽鸭根本没有想到会命丧同志之手。芹泽鸭死后，新选组重新编队，由局长近藤勇和副长土方岁三领导，明察暗访潜伏在京都的尊王攘夷派志士，对其进行镇压。

众所周知的池田屋事件让新选组名扬天下。

1864年(元治元年)6月，近藤勇率领新选组队员突袭了在三条小桥边的池田屋旅馆密会的20多名尊王攘夷派志士。熊本藩的宫部鼎藏、长州藩的吉田稔磨、土佐藩的北添佶磨等尊王攘夷派众多重要人物死伤惨重。中京区三条河原町的旅馆池田屋的原址立有刻着“池田屋骚动之址”的石碑。

新选组在池田屋事件和禁门之变中的表现得到了朝廷和幕府的高度评价，其队员们被纳入幕臣之列。然而1867年(庆应三年)11月，第十五代将军德川庆喜将政权奉还给朝廷(大政奉还)，德川幕府的统治宣告结束。对此不服的旧幕臣和新政府军之间爆发了戊辰战争。

新选组加入旧幕府军一方参战。旧幕府军在鸟羽·伏见之战中败北，新选组也遭受了毁灭性的打击。撤回江户后，近藤勇组编了甲阳镇抚队，试图和新政府军抗衡，但在甲府胜沼一战中再次战败。之后，近藤勇在下总国(千叶)的流山被新政府军擒获，于江户的板桥刑场被处死，首级被运到京都的三条河原示众。

中京区坊城路佛光寺向北处的壬生寺内有近藤勇的铜像和壬生冢(新选组队员之墓)。紧挨壬生寺的还有新选组发祥地壬生屯所旧迹(八木家)，宅院内至今还留有队员们砍下的刀痕。

受尽拷问后被斩首的古高俊太郎

在突袭尊王攘夷派志士的池田屋事件中，新选组因为粉碎了尊王攘夷派的阴谋而得到了朝廷和幕府的褒奖，一夜成名。但是，从结果来看，池田屋事件加速了幕府的崩坏。尊王攘夷派志士的牺牲极大地刺激了勤皇的志士，讨伐幕府的声浪前所未有地高涨。

幕府早就掌握了尊王攘夷派志士在京都潜伏的情报，与新选组展开了严密的搜索。勤皇的志士中，有一位名叫桝屋喜右卫门，也就是本名古高俊太郎的人物，在这次事件中扮演了关键角色。这个只有精通历史者才知道的人物，其实就是池田屋事件的导火索。

古高俊太郎和父亲周藏一道从近江移居京都，随后古高俊太郎成了河原町四条向北经营薪炭生意的桝屋家的养子，自此改名为桝屋喜右卫门。古高俊太郎崇拜倡导尊王攘夷的儒学家梅田云浜，表面上在做薪炭生意，实际上以勤皇志士的身份奔走活动。

渐渐地，古高俊太郎和武家、公家都建立起了紧密的联系，在尊王攘夷派的志士们中间扮演了重要的协调人角色。然而，新选组察觉他形迹可疑，1864年(元治元年)6月，以藏匿勤皇志士为由突击搜查了桝屋(古高俊太郎邸迹)。事实上，桝屋就是志士们的藏身及密会据点。

在这次突击检查中，新选组从桝屋搜出大量武器弹药，以及诸多密谋的文件、信札。无法抵赖的古高俊太郎遭到逮捕，被带往新选组屯所壬生村前川邸。在前川邸的仓库中，古高俊太郎经受了近藤勇、土方岁三等的严刑逼供，在各种折磨下，古高俊太郎始终没有透露任何关于组织和同志们的下落及计划的信息。

新选组并没有就此罢休。土方岁三继续进行恐怖的拷问。土方其人本来就以冷酷且不近人情而闻名。为了整合、稳固新选组，他制定了严苛的纪律，对于违纪者一律严惩，或斩杀或强迫切腹，因此被恐惧的队员们称为“鬼之副长”。土方岁三的拷问到底有多残酷呢?

古高俊太郎的脚腕被绑上绳子，倒吊起来严刑拷打。即便如此，土方岁三仍未能撬开他的嘴，而在得到尊王攘夷派在京都的潜伏地和图谋等信息前又不能杀死他。

于是，拷问逐渐升级。古高俊太郎的脚上被钉入五寸钉，钉子贯穿整个脚掌。从脚底穿出的钉子上插着蜡烛，点上火。蜡烛油顺着钉子流入古高俊太郎足底的伤口中。疼痛实在太过强烈，古高俊太郎哀号不断。在这样残酷的拷问下，古高俊太郎终于无法忍受，开始吐露绝对不能泄露的秘密。在土方岁三的恐怖拷问下，尊王攘夷派的秘密开始浮出水面。

被赶出京都的长州藩志士本来打算放火烧毁京都，幽禁中川宫朝彦亲王，杀害京都守护松平容保，还计划将孝明天皇带往长州。而这个阴谋最终未能实现，就是因为随后发生的池田屋事件。

古高俊太郎被拷问后，收押在六角狱舍(中京区六角路)。然而 1864 年(元治元年)7 月禁门之变的大火蔓延到了六角狱舍。为避免囚犯在混乱之中越狱，古高俊太郎和其他犯人还未审判就被斩首。虽然从结果来看，古高俊太郎因为尊王攘夷派的同志而失去了生命，但是他为推翻幕府做出了巨大贡献，就这点而言，古高俊太郎应该是没有遗憾的吧?

坂本龙马被袭击的寺田屋和近江屋

江户末期，日本近海经常有外国船只出没，幕府被迫打开国门。1853年(嘉永六年)，美国东印度舰队司令官佩里率领四艘军舰出现在三浦半岛的浦贺冲，以武力逼迫幕府开国。最终幕府屈服于欧美列强的压力，放弃了一直以来的闭关锁国政策，开放国门。

欧美列强看准了幕府的软弱，开始提出各种要求。如果再把治国大权交给德川幕府的话，国家就会沦为欧美列强的殖民地。这种危机感开始在各藩弥漫，爱国心燃烧的志士们开始了倒幕运动。

毫无疑问，倒幕运动最大的功臣是坂本龙马。坂本龙马在敌对的萨摩和长州两藩之间进行斡旋，促成了萨长同盟，为倒幕派的集结奉献心力。此外，他作为促使大政奉还和平进行的功臣，也得到了极高的评价。坂本龙马是大众心中颇有人气的历史人物之一，京都到处都留存着他的足迹。

循着坂本龙马的足迹游览京都已经成为热门的

观光路线，伏见就是与坂本龙马渊源颇深的地方。伏见是联结京都和大阪的淀川水运之港，发展繁荣，对志士们而言也是聚集的好地方。引宇治川河水而成的濠川河畔，有龙马定期借宿的寺田屋。在这个船宿中，于1862年(文久二年)发生了寺田屋事件。事件中，受藩主岛津久光之命，萨摩藩的有马新其等尊王攘夷派志士被同为萨摩藩人的藩士杀害。

四年后的1866年(庆应二年)，坂本龙马在寺田屋遭遇伏见奉行①的官员袭击。幸好老板娘的养女阿龙随机应变，坂本龙马得以从寺田屋逃脱，免遭迫害。阿龙后来成为坂本龙马的妻子。坂本龙马负伤后藏身的材木纳屋(材木小屋遗迹)、藏匿过坂本龙马的萨摩岛津伏见房屋遗迹等，城市的各个角落都有坂本龙马的遗迹，后来都成为后人追仰之地。寺田屋在鸟羽·伏见之战中被烧毁，后来在近旁重建，完全再现了当时的面貌。而寺田屋遗迹则成了历史遗迹庭园，里面建有龙马的铜像和寺田屋骚动纪念碑。

寺田屋东侧紧挨着蓬莱桥，桥的北端再向北，

---

① 伏见奉行：江户幕府的官职。主要管理伏见的民政和船舶。

有一条宽约 3 米的商店街，街两旁是一座座白墙的房屋。坂本龙马借宿寺田屋的日子，曾多少次来往于这条街道啊！这条商店街原名为南纳屋町商店会，1994 年（平成六年）商店街法人化后，改名为龙马路商店街，现在成了小有名气的观光景点。

坂本龙马的足迹在京都市中心也多有留存。自寺田屋开始被幕府盯上后，龙马将活动据点移到了三条河原町。池田屋旅馆向南的一条街叫作龙马路，是因为龙马曾暂住在那里的木材商醋屋里。之后，他又搬到河原町蛸药师的酱油店近江屋（近江屋遗迹）。万万没想到的是，这个近江屋成了坂本龙马生命的最后一站……

1867 年（庆应三年）11 月，坂本龙马和其同乡志士中冈慎太郎在近江屋的二楼被刺客杀害。刺客为何人，坂本龙马藏身于近江屋的消息是如何泄露的，到现在还是个谜。近江屋遗迹边立有上书“坂本龙马中冈慎太郎遇难之地”的石碑。另外，坂本龙马最初作为据点的醋屋二楼有一个“龙马画廊”，展示着坂本龙马书信的复制件等物品，店门前立有刻着“坂本龙马寓居之址”的石柱。

从京都市区东面贯通南北的东大路到高台寺南侧向东延伸的坡道被称为维新之道。这条坡道尽头是京都灵山护国神社，内有坂本龙马之墓，墓前立着坂本龙马和中冈慎太郎的铜像。京都灵山护国神社是奉明治天皇之命，为了祭奠幕末维新时活跃的志士的亡灵，于1872年(明治五年)所建。除了坂本龙马、中冈慎太郎外，还有木户孝允、高杉晋作、久坂玄瑞等幕末维新志士1356人都合祭于此。在坂本龙马的生日，同时也是忌日的11月15日这一天，为了歌颂他的功绩，这里每年都会举行“龙马祭”。

从河原町三条路直到四条路一带，是现在京都有代表性的繁华闹市。但作为江户末期的政治舞台，这里曾是勤皇志士以及新选组成员们的活跃之地。在这一带，暗杀、虐杀、武力冲突等血腥事件时常上演，与这些事件有关的史迹遍布京都，这是京都不为人知的另一面。街道四处立着记录事件由来的木牌或石碑，寻访这些景点也是漫步京都的乐趣之一吧。

第六章

京都的恐怖传说

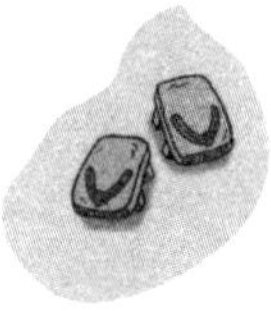

平安京的大内里住着妖怪

大内里以皇居为中心，各个官厅设立其中，可以说是平安京的心脏所在。在大内里皇居西侧的庭院内，生长着一片被称为“宴之松原”的松林，占地东西 250 米、南北 430 米，相当辽阔。

大内里相当于现在东京的官厅街，政府机构密集。在这样的黄金地段，为什么会有如此广阔的松林呢？宴之松原这个名称源于它位于丰乐院（朝廷举办飨宴的场所）北侧，据说古代朝廷常在这个松原举行宴会。但是，就宴会场所而言，这里未免太大了，因此有人猜测这片土地是为了重建皇居而预留的。

宴之松原到了夜晚就一片漆黑，恐怖得让人难以呼吸。树木异常茂盛，现在也弥漫着幽灵倏忽而出的恐怖氛围。因此，宴之松原时常有妖怪出没，穿行的人遭到鬼魂袭击，等等，这些传说将此地与魔界连接在一起。

平安时代后期编纂而成的古代小说集《今昔物语》中，就有妖怪化身人形游荡在宴之松原，最后啃食女人的恐怖故事。

在一个月明之夜，三位年轻女子在宴之松原散步。突然，林中出现了一位极富男子气概的青年。青年跟其中一位女子搭话，引诱她去树林里聊一聊。这位女子或许是三人中最具魅力的一位，她对青年也一见钟情，于是接受了邀请，二人一同消失在松林中。另外两位女子在树下休息，等着被带走的女子回来。然而那位女子一直不见人影，渐渐地连两人的谈话声也听不到了。

两名女子觉得实在有些诡异，便进入林中寻找，但怎么也找不到男女二人的踪迹，只看到散乱一地的残手和残脚，身体和头无影无踪。原来诱惑女子进入松林的青年是化身人形的妖怪，是它吃掉了女子。会产生这种恐怖故事，应该和宴之松原那种即便是白天也阴森可怖的诡异气氛有关吧。

现在，宴之松原的松林已不复存在。二条城西北方向的千本出水的十字路口向西，有一片区域，其寺庙数量可和寺町媲美，400 米见方的范围内聚集着 20 多座寺院。这片寺院街上流传着出水七大不可思议故事。这一带之所以灵异故事不断，据说也是因为这里曾是宴之松原的原址所在。街道一角有福胜寺和华光寺，两寺之间有一间石材店，旁边竖着一块刻着“宴松原”字样的石碑，还有介绍的说明板。

崇德天皇怨灵沉睡的白峰神宫

御所西北方向堀川和今出川交会处，有一座以崇德天皇和淳仁天皇为主神的白峰神宫。崇德天皇是平安时代末期的天皇，淳仁天皇则更早一些，是奈良时代的天皇。由此，很多人会认为白峰神宫是京都古老的神社之一，但实际上它的历史很短，创建于明治时代。

据说白峰神宫是为了安抚在京都徘徊，带来许多灾害的崇德天皇的怨灵而修建的。在崇德天皇去世700多年后才修建这个神社，多少让人有些不解。看来，无论在什么时代，人们都相信死于非命的怨灵会诅咒现世，带来灾难。

1123年(保安四年)继位的崇德天皇在鸟羽上皇的胁迫下，迫不得已让位给近卫天皇，做了上皇。到此为止并没有发生什么特别的纷争，直到近卫天皇17岁驾崩，事情开始变得有些诡异。

崇德上皇希望自己的儿子重仁亲王能够继位，但事实是崇德上皇的弟弟作为后白河天皇继承了皇位。对此不满的崇德上皇与藤原赖长同谋袭击了后白河天皇。这就是因王位继承问题以及关白摄政纷争而爆发的保元之乱。

崇德上皇在这场战争中败北，被流放至赞岐，遭到软禁。他灰心丧气，开始修习佛教，完成了抄写五部大乘经的修行。所谓五部大乘经是指天台大师精选的华严、大集、般若、法华、涅槃等五部大乘佛教经典。崇德上皇将抄写的经文交给朝廷，希望可以由京都的寺庙收藏。对于已经不可能再回京都的崇德上皇来说，自己抄写的经文能够让京都的人看到，也算是一种安慰吧。

然而，后白河天皇以“这些经文中带有崇德上皇的诅咒”为由，拒绝接收经文，将其送还给崇德上皇。愤怒的崇德上皇咬破舌头，在经文上写下了诅咒的血书，发誓要复仇。八年后的1164年(长宽二年)，崇德上皇在远离京都的四国赞岐去世。

崇德上皇离世后，当时已让位于子的后白河上皇的亲族接连发生不幸。后来，后白河上皇的大皇子二条天皇和妻妾、孙子六条天皇等相继离世。不仅如此，1177年(安元三年)，京都发生了安元大火，烧毁了京都三分之一的建筑。第二年又有治承大火，以及谋反、饥荒等诸多动乱及灾害接连发生。

人们开始相信这是崇德上皇的怨灵作祟，于是修建了崇德院庙，将崇德上皇的怨灵作为神灵来供奉。然而这无法平息崇德上皇的怨念，动乱和灾害依然持续。

1868年继位的明治天皇继承了父亲孝明天皇的遗志，将崇德上皇从赞岐的白峰陵移灵到京都，修建了以崇德上皇为主神的白峰宫。随后，淳仁天皇也作为主神被移入白峰宫。这是因为淳仁天皇在崇德上皇被流放赞岐的400年前，被流放到了淡路岛。

到了昭和时代，白峰宫得到了神宫号，成为白峰神宫。面对今出川路修建了鸟居，虽然不算大神社，但也是全国20座神宫之一，还是供奉日本三大怨灵之一的崇德上皇的神社。

白峰神宫是在蹴鞠(踢球)宗家——飞鸟井家宅邸旧址上修建的，地主神社中供奉着蹴鞠的守护神精大明神。因此，球类项目，特别是足球相关人士非常信奉这个神社，有很多人前来参拜。

变成了吃人地藏的崇德上皇

为供奉崇德上皇的怨灵而修建的不止是白峰神宫。与平安神宫北侧东西向的丸太町路平行，向北隔着一个街区的春日北路旁，有一座名为积善院准堤堂的小寺院。这座寺院也与崇德上皇的怨灵有着紧密关系。积善寺是位于京都名点“八桥”诞生地圣护院的小寺，寺内有名为准堤堂的祠堂，是为了告慰崇德上皇之灵而修建的。

前文也介绍过，崇德上皇因在保元之乱中败给后白河天皇，死在了流放地赞岐。积善寺内有为告慰崇德上皇之灵而供奉的小地藏，收在小祠堂内。这个小地藏名叫崇德院地藏，别称“吃人地藏”。1177 年(安元三年)将一直以来的赞岐院更名为崇德院。以崇德上皇的谥号(为赞扬逝者生前功绩而赠予的称号)为名，也是为了避免崇德上皇的诅咒。

所谓吃人地藏，又是一个让人毛骨悚然的名字，足以说明崇德上皇的作祟给世人带来多少恐惧。崇德上皇去世前发誓要变成大魔王向天皇家族复仇，因此人们相信他的怨灵如吃人的妖怪一样恐怖。供奉吃人地藏的准堤堂原本位于圣护院的森林中，大约在大正时期①迁移至现址。

大家可能会认为吃人地藏满脸凶恶，但实际上它是一座完全无法和吃人联系起来的面相温和的地藏。据说吃人地藏的名字有可能只是崇德院地藏转音而来。崇德院地藏的“崇德院”读作“hitokuin”，进而缩短为“hitokui”，变成了“吃人”一词。

积善院准堤堂之内，还立有刻着“阿俊·传兵卫恋情冢”的石碑和五轮塔，据说是为了纪念在附近圣护院的森林中一同殉情的和服商井筒屋的传兵卫和先斗町近江屋的妓女阿俊而建。

---

① 大正时期：1912—1926年为日本大正天皇在位时期，当时民主主义风潮席卷日本文化的各个领域，因此开日本自明治维新以后所未有之盛世。

流传于贵船神社的“丑时祭拜”诅咒

京都市北部的鞍马山和贵船山之间流淌着贵船川，作为“京都的深山别居”，这一带每至夏日就成为热闹的观光景点。贵船川和鞍马川都汇入鸭川，其上游有供奉雨神的贵船神社。这座贵船神社其实是京都极具代表性的灵异地点。

贵船神社的创建年代不详，传说始于神武天皇的母亲玉依姬命。玉依姬命从大阪乘着黄色的船沿着淀川、桂川、鸭川，最终逆贵船川而上，在这深山中修建了供奉水神的神社。贵船神社的“贵船”之名来源于玉依姬命乘坐的黄色船只“黄舟”。神社最初在奥宫，后来因贵船川泛滥移建到了现址。这一带林木浓密，不禁让人怀疑这里是否真的处于京都市区。

关于贵船神社，流传着一个“丑时祭拜”的恐怖传说：若在丑时将所怨恨之人的稻草人偶替身用五寸钉钉在神社的神木上加以诅咒，就能置其于死地。诅咒满七天便可见效，被诅咒的人就会死去，但是祈祷时不能被别人看到。万一被人看到，诅咒不但会失去效力，还会转移到自己的身上，所以必须把看到此事的人也杀掉才行。

歌谣《铁轮》讲的就是丑时祭拜的故事：一个住在下京区的女子遭到丈夫抛弃，因此非常嫉恨抢走自己丈夫的那个女子，想要将丈夫与那女子咒死。为了报仇，她到贵船神社进行了丑时参拜。在那里她接受了神的旨意："裁剪红布裹在身上，脸上涂满朱红，头上倒放着铁轮，在铁轮的三个支架上点燃蜡烛，愤怒之心可让人成鬼。"所谓铁轮是指火盆或者围炉里放锅用的三脚支架。

前夫和新妻被化为鬼女的前妻下咒，每晚噩梦连连，痛苦不堪。前夫于是向阴阳师安倍晴明求助。安倍晴明知道前夫和新妻将在第七天夜晚被鬼女咒杀，为了解除诅咒，他不断祈祷。当鬼女企图带走前夫时，晴明施展咒术阻止了她。未能得偿所愿的前妻疯狂挣扎、痛苦哀号，最后在井边结束了生命。

虽说是因为嫉妒想要咒杀对方，但年纪轻轻就死去的前妻还是得到了大家的同情。人们用铁轮筑成坟冢来供奉鬼女之灵，这座坟冢现在依然保留在下京区住宅区一隅。因为神社位于被民宅围绕的小祠堂里，连地图上都没有标注。如果想要一探究竟，只能以“下京区堺町路松原向北锻冶屋町”这个地址为线索。不过，这也正是寻访京都经典的乐趣。

在民宅林立的道路一旁立有刻着“铁轮遗迹”的石碑。从旁边的窄巷进入，就可以看到命妇稻荷神社的红色鸟居。社内有供奉着鬼女之灵的“铁轮社”，旁边有解释铁轮井由来的说明板。

传说如今这口井中还住着铁轮女的怨灵，如果让对方喝了井中之水，就可以了断两人间的缘分。话说回来，居然用丑时参拜杀害丈夫，女人的嫉妒实在是可怕。

诞生于宇治桥姬传说的“丑时祭拜”

以产茶著称的宇治市中心有一座巨大的宇治桥。与其平行的 JR 奈良线横跨宇治川，附近就有宇治站。桥的东端还有京阪电铁宇治线的宇治站。

宇治川东岸有世界遗产宇治上神社，西岸是成为十元硬币背后图案的平等院凤凰堂。宇治桥可以说是游览宇治的必经之路。

从桥的西端数来第三个桥柱间，面向上游方向的桥面上有一处向外凸出的地方，名为三之间。第一次来宇治观光的游客，看到宇治桥上的三之间，都会觉得不可思议：为什么只有那里是凸出来的？这个宇治桥独有的构造，据说是供奉桥的守护神桥姬的祠堂遗迹。桥姬是断缘之神，也是嫉妒之神，据说在切断恶缘方面很灵验。

宇治桥是日本三大古桥之一，历史悠久。关于这座桥有惊悚的桥姬传说。桥姬传说也是被嫉妒心吞噬的女子想要咒杀对方的故事，被认为是贵船神社丑时参拜的原型。

嵯峨天皇时代(809—823)，有一位公卿的女儿，因丈夫被情妇抢走而妒火中烧，扬言要向情妇复仇。于是，她在贵船神社诅咒了七天，向贵船大明神祈求，希望化为厉鬼实现诅咒。大明神降下神旨："如果真的想化身厉鬼，就扮成鬼的样子在宇治川里浸泡37天吧！"如此就真的能变成厉鬼，咒杀情妇。

得到神示，女子欣喜若狂。她立刻回了京都，将长发分成五束，绑成五只角，满脸涂以红胭，浑身抹上丹土，呈赤鬼之状。又将铁轮倒放头上，在铁轮的三条支架上点燃火把，嘴里叼着两端燃烧的火把。午夜时分，扮成厉鬼的女子沿着大和大路一路向南，在宇治川浸泡了足足37天，果真如愿变成了厉鬼。

女子先是杀死让她嫉妒成魔的丈夫的情妇，接着将情妇家人、丈夫、情妇亲戚统统杀绝。杀男人时她变身女鬼，杀女人时则变身男鬼。她的作为让整个京都陷入了恐怖的深渊。

京都的市民到了晚间都不敢外出。为了封印鬼女的诅咒和她带来的灾祸，市民们便在宇治桥的三之间为她建造祠堂，奉她为桥的守护神桥姬。现在则移至宇治川西畔的桥姬神社进行供奉。

因丰臣秀吉曾在三之间取水泡茶，每年 10 月举办的宇治茶节都会在三之间举行取名水仪式。从三之间眺望宇治川，景色绝美。

死人复生的“一条戾桥”

在京都市中心南北流淌的堀川上，有一座名为一条戾桥的小桥。桥长不到 10 米，混凝土构造，没有任何特别之处，很容易被人忽略。但是，如此不起眼的小桥也留下了不少恐怖传说。

一条戾桥东西贯穿平安京最北面的一条大路，

被认为是平安京的城郊分界线，也就是人间与魔界的分界线，因此被认为是魔鬼出没的地方，鬼怪传说由此而生。

前文介绍过的桥姬传说中的桥姬，也在一条戾桥上袭击过路人。源赖光的四天王之一的渡边网，受源赖光之命去往一条大宫办事。深夜时分，他将护身用的名刀髭切别在腰间，骑着马向一条大宫出发。事情办妥，渡边网返程即将踏上一条戾桥时，桥上出现了一位肌肤雪白的美人。女子请求说："夜晚一个人走路太可怕，可以送我回家吗？"渡边网虽然觉得一个女子深夜独行有些奇怪，还是接受了女子的请求，请她上马，准备护送她回家。就在这时，那女子突然变成厉鬼的模样向渡边网袭来，抓着他的头发便想飞向爱宕山。

渡边网对眼前这一幕极为震惊，他立刻掏出名刀髭切，手起刀落，将鬼女的手腕一刀斩落。鬼女厉声惨叫，边喊边发誓一定要夺回手腕，接着便逃向了爱宕山。袭击渡边网的女子正是浸泡在宇治川中见人就杀的桥姬。

关于一条戾桥名字的由来有很多说法。其中之一是这样的：去往纪州大峰山修行的净藏贵所（平安中期的天台密教僧）回到京都时，在一条大路上的堀川桥上遇到了葬礼的队列，发现竟然是自己父亲的葬礼。净藏贵所的父亲是平安时代的汉学者、文章博士三善清行。

突然得到父亲死讯的净藏贵所无比悲伤，趴在棺材上向父亲道别，并开始大声诵经。也许是净藏贵所的祷告声传到了冥界的阎罗王耳中，棺盖竟然打开，父亲起死回生了！自那以后，这座可以将死者从彼岸唤回的桥便被人们称为“戻桥”。

此外，桥所在的堀川位于皇居东端，是皇居的护城河，若要返回皇居，一定要经过这座桥。也可以认为戻桥的名字来源于此。

“戻(回去)”一词兼有喜庆和不吉之意。“回去”可以是结婚后离婚，也就是“被赶回娘家”的意思，所以准备结婚的人以及嫁娶队列必定会绕开这座桥。而要出征打仗的人为了能够生还，一定会经过一条戻桥再奔向战场。

百鬼夜行出没的“啊哇哇十字”

皇亲贵戚居住的大内里周边，现在虽然是高级住宅区，当年却是谁都不敢夜间出行的危险地带。大内里北边是人界与魔界的分界线，大内里又有宴之松原(参见前文)这个妖怪出没的树林，东边有鬼女潜伏的一条戾桥(参见前文)。怎么看大内里周边都是令人毛骨悚然的恐怖地带。

二条大路和大宫大路的交会处，也就是大内里东南角的二条大宫路口称为“啊哇哇十字”，据说是百鬼夜行频繁经过之处，人们对此避而远之。“啊哇哇十字”听起来像是个搞笑的名字，但实际上并非如此。这个十字路口因为常有妖魔鬼怪出没，从这里经过的人们惊吓得连话都说不出，只能“啊哇哇”大叫，路口就此得名。在这里遭到夜行的百鬼袭击的故事在《今昔物语集》和《大镜》中都有描写。

百鬼夜行指妖魔鬼怪集结起来，成群结队四处游荡。百鬼夜行的日子称为忌夜行日，因为很危险，所以要尽量减少外出。曾有一位名叫藤原常行的贵族，为了和情人约会，所以在忌夜行日外出。在经过啊哇哇十字时，遭遇百鬼夜行。幸好他随身携带写有尊胜陀罗尼咒文的护身符，才得以死里逃生。

据说阴阳师贺茂忠行一行在通过啊哇哇十字时，

曾遭到夜行的百鬼袭击，年轻的安倍晴明当时正在修行，正好也在其中。安倍晴明自小便师从贺茂忠行学习阴阳道，作为天资超群的阴阳师，他具有预测能力，能够防灾难于未然。因为这些才能，他在朝廷也得到重用。

见到百鬼夜行真相的人非死即病。不过，普通人是看不到百鬼形象的，至于何时会遭到袭击，完全无从得知。安倍晴明虽然修行年限尚短，但已经可以感知鬼怪的模样。

一行人通过啊哇哇十字时，夜行的百鬼出现，准备发起袭击。安倍晴明大为吃惊，马上通知老师贺茂忠行。贺茂忠行立刻施行咒术，隐藏了大家的踪迹，一行人才得以平安通过啊哇哇十字。啊哇哇十字就是这样一个魔物频繁出没的恐怖地方。

真如堂的安倍晴明复活传说

关于平安中期的阴阳师安倍晴明，有着数不清的传说。这可能与安倍晴明拥有卓越的咒术和祈祷能力，深受朝廷和贵族们的信任有关。安倍晴明仿佛是神明一般的存在，围绕他诞生了很多传说和逸事。

安倍晴明活到了85岁。按照当时的平均寿命，可以说比平成时代的百岁人瑞金银婆婆还要长寿。已经被神化的安倍晴明，据说一度死后又从冥界回到人世。虽然现实中死去的人是无法复活的，但是超越人类存在的安倍晴明就留下这样的传说。

左京区的真如堂就留下了晴明复活的传说。真如堂正式的名字是真正极乐寺，是天台宗的古刹，正好位于银阁寺和平安神宫的正中间。寺内宽广，除了本堂、三重塔以及大师堂等之外，还有多座小寺。在这座真如堂中，有安倍晴明复活传说的证物。

真如堂的本尊阿弥陀如来立像旁放着一尊不动明王像，它就是使安倍晴明复活的佛像。《真如堂缘起》中有记载：安倍晴明因病去世，不动明王惜才，向冥界的阎罗王请求让安倍晴明复活。阎罗王有条件地答应了不动明王的请求：如果安倍晴明能为了拯救世人而用尽自己余生的话，就满足他这个请求。阎罗王授给安倍晴明“决定往生之秘印”，让他回到了人间。真如堂的本堂中，还挂有安倍晴明伏在阎罗王御前的画像《晴明复生图》。

安倍晴明复活的传说不算恐怖，真如堂中还有关于妖狐的恐怖故事流传。真如堂三重塔边的地藏堂中，安放着地藏菩萨像。这尊地藏称为镰仓地藏，是用杀生石做成的。杀生石指一种有毒的火山岩，因其产地附近会喷出硫化氢和二氧化硫等有害气体，接近的鸟虫都会毙命，因此被称为杀生石。传说这种杀生石是九尾狐妖变化而成。

平安时代，一位名为玉藻前的美丽女子在宫中侍奉，深受鸟羽上皇的宠幸。但鸟羽上皇的身体抱恙，而且越是宠爱玉藻前，他的身体就越差，连太医也无法诊断他得了什么病。安倍晴明的后裔、阴阳师安倍泰亲识破了玉藻前的狐妖身份。原来玉藻前和鸟羽上皇的兄长薄云皇子共谋，企图夺取天下。被戳穿身份的玉藻前逃向下野国的那须野，在那里被制伏，化成了杀生石。可是，狐妖的诅咒还是带来了各种各样的灾害。

为了解除化为杀生石的狐妖的诅咒，供养被狐妖害死的人，玄翁和尚将杀生石敲碎，用破碎的石片做了一尊地藏菩萨，便是真如堂地藏堂内的镰仓地藏。这尊地藏起初被供奉在镰仓，江户时代被转移到了真如堂。

大原的“阿通传说”

流淌于左京区的鸭川支流高野川，其上游区域有一个名为大原的小村落，沿着高野川延伸的若狭街道（国道 367 号）穿村而过。自古从若狭的小浜向京都运送青花鱼都要经过若狭街道，若狭街道因此被称为“青花鱼街道”，作为中转站的大原也跟着繁荣发展起来。

大原还因为头顶薪柴，前去京都贩卖的大原女而闻名。此地有三千院、寂光院等有名的寺院，是京都北部著名的观光地。

曾经风靡一时的合唱团 Duke Aces 的代表作《一个女人》（永六辅作词，今泉隆雄作曲）中就唱道：“京都大原三千院，一个为爱疲惫的女人……”大原有着与众不同的浪漫，却也有悲伤而恐怖的怪谈“阿通传说”流传。

很久以前，大原有一位名叫阿通的美丽女子。某位若狭的公子在上京时路过大原，对阿通一见钟情。为阿通沉迷的公子带着阿通回若狭，对她宠爱有加。但后来阿通生病，被公子疏远，不得不回到了大原。

有一天，郁郁度日的阿通得知若狭的公子又一次上京，要经过大原，她心怀热望，鼓起勇气追赶公子的队列，但是因为久病体弱，她根本无法追上。阿通在绝望中跳进了高野川(大原川)，瞬间变身成为大蛇，栖息在高野川下游花尻桥的深水中。

公子的队列再次经过大原时，变成了大蛇的阿通心怀报复之念，袭击了公子的队列。但是公子随从中有人剑术精湛，一刀将大蛇斩为两段。从此以后，每到大原电闪雷鸣之时，大蛇就会出现，降下灾祸。大原的村民们认为这一定是阿通在作祟，于是在土地神的江文神社里供奉了阿通的亡灵，还将大蛇的头埋在乙之森，尾埋在花尻之森，各自供奉。

日后大原开始举行“蛇祭节”。将稻草制成的蛇头和蛇身置于乙之森，蛇尾置于花尻之森，在各自的江文神社的御旅所供奉。去往寂光院的道路入口，沿着府道 108 号有一片小树林，那里竖着刻有“龙王大明神”字样的石碑。这片供奉着龙神的森林就是乙之森，也被称为“阿通之森”。龙王大明神的石碑附近绑着注连绳①，显示出某种神秘诡异的气氛。

摄取院为什么被称为蛇寺？

比叡山西边山脚下，鸭川的支流自北向南流淌。大原就坐落在高野川上游细长的盆地里。现在的大原是京都热门的观光地，但在古代，这里却是寂寂少人行的山中村落。

平安时代末期，在大原这片静寂之地，延历寺第三世座主慈觉大师创建了鱼山大原寺，以之作为天台宗的道场，也就是现在的胜林院。大原的地名就来源于鱼山大原寺。因为离延历寺不远，所以从平安末期直到镰仓时代，大原作为念佛僧的修行之地繁荣发展起来，有三千院、寂光院、来迎院、胜林院等许多天台宗的寺院。

不过，三千院南侧的摄取院并不是天台宗寺院，而属于净土宗。摄取院是一座默默无闻的尼姑庵，

① 注连绳：神社前以稻草编结而成的绳子，象征神界与人界的分隔。

可能因为没有太多特色，来大原的游客很少会进庵参观。然而，这座寺庙却隐藏着骇人听闻的恐怖传说。

摄取院于991年(正历二年)由净住法师创建。根据寺传的记载，净住法师未出家时，是一个好色的风流男子。他和自己的妻妹私通，让原本关系亲密的亲姐妹从此形同陌路。妻子无法原谅丈夫所为，对他的怨恨一天天加深，终日闷闷不乐，最终抱病离世。

不甘心的妻子，其怨灵化为大蛇，紧紧缠住了丈夫的脖子。丈夫拼命想要摆脱大蛇的缠绕却不得，最后，他终于悟到了自己罪孽的深重，于是出家，开始念佛修行，法号净住。

后来，净住回到了和妻子一同生活过的地方，修建了草庵以抚慰妻子的亡灵，这草庵就是后来的龙女山摄取院。山号中的“龙女”指的就是化身为蛇的妻子，而寺名中的“摄取”则有阿弥陀佛以慈悲的光明解救众生的意思。

净住深深忏悔自己当年的罪孽，一心祈求死去妻子的原谅。尽管如此，直至晚年，缠绕着净住脖子的大蛇才消失不见。妻子终于成佛，原谅了丈夫。

村民们将净住称作蛇道心，把摄取院叫作蛇寺，或者是蛇道心寺。摄取院前有名为蛇舍薮的竹薮，据说当时净住不断将大蛇丢弃在这里。女人的怨念还真是可怕啊！

回到繁昌神社的尸体

京都市市中心有一座名字听起来非常吉利的繁昌神社。神社很小，坐落于距离四条河原町大约1千米的商业街一角，如果不注意，很可能会错过。光看名字，繁昌神社好像是哪个老板为了祈求商业兴隆而修建的没有什么来历的神社。其实这座神社历史悠久，从平安初期开始就镇守于此。因为神社的所在地是下京区高辻路室町向西繁昌町，所以被称为繁昌神社。

繁昌神社除了保佑商业繁荣、家庭安全、诸艺精进外，在祭典上抬神轿也能求得良缘。如此一个万能神通的神社，却流传着令人毛骨悚然的诡异传说。究竟有什么恐怖之处呢？繁昌神社其实是京都为数不多的魔界之一。

平安初期，贵族藤原繁成宅邸的庭园中有一个池塘，人们从安芸的宫岛请来市杵嶋姬、田心姬和湍津姬三女神安放在池塘的小岛上。繁昌神社就此设立。镰仓初期的小说集《宇治拾遗物语》中，记载了以繁昌神社为原型的怪谈故事。

很久以前，某地住着一对美丽的姐妹。姐姐已婚，与在宫中侍奉的未婚妹妹一同生活。后来妹妹患重病离开人世，姐姐与姐夫将妹妹的遗体运往风葬地鸟边野。奇怪的是，到了鸟边野，打开灵柩，发现里面竟然空空如也。夫妻俩在附近搜寻良久，但始终没能找到妹妹的遗体。总不可能是从灵柩底部掉在半路上了吧？遗体就这样莫名其妙地消失了。

无奈之下，夫妻俩只好抬着灵柩回家，回家后竟然发现妹妹就躺在房间的榻榻米上。难道是妹妹中途复活，然后回到自己房间后又再次断气的吗？

第二天，姐姐和姐夫再次抬着妹妹的遗体去往鸟边野。可是到了鸟边野打开灵柩的盖子，妹妹的遗体又消失了。心里想着难不成又……回家一看，果然妹妹的遗体又躺在自己房间里。总不能把遗体放在房间里不管，于是夫妻俩又准备将遗体抬进灵柩里，却发现重到根本抬不动。

夫妻俩意识到，妹妹可能是不想离开家。于是，两人决定将房间的地板撬起来，把妹妹埋在下面供养，这就是“班女冢”。为什么把埋葬妹妹的土冢叫作班女冢呢？“班女”指的是中国汉代女官班婕妤。曾受皇帝宠幸的班婕妤后来失宠，度过了不幸的一生。班婕妤的悲剧让人联想到这个不幸的妹妹，尚未嫁人便离开了人世，所以她的墓被称为班女冢。

后来，姐姐夫妇搬往他处，院子开始荒芜，只留下了墓冢。也许人们觉得妹妹的遭际实在太过可怜，于是在墓冢附近建起了祠堂，这就是繁昌神社。听说这里起初被称为班女神社，谐音为“繁荣”，后来又选了吉利的“繁昌”二字作为名字。班女冢就在繁昌神社附近，静静伫立在某条小巷深处。

据说丰臣秀吉认为繁昌神社在这里很不吉利，便将其移建到御土居之外的东山五条。不料，随后天地异象频频，人们认为这是妹妹的怨灵诅咒造成的，于是坟冢被迁回原处。妹妹对这片土地一定有特别的执念吧，一千多年都不愿离开。仿佛在昭告世人，如果试图移动她，就要遭到诅咒。京都市中心有这样奇怪的神社，恐怕很多京都人都不知道。

据说以前未婚女子如果在繁昌神社参拜，便会错过结婚的机缘。但是现在这里已经被认为是成就良缘的神社了。

东寺的七大不可思议之一的“猫转角”

自古以来，日本习惯将不可思议的现象总结为“七大不可思议”，比如“越后七大不可思议”“江户七大不可思议”“远州七大不可思议”等，各地都有七大不可思议。

京都有名的神社寺院中，自古以来也有“七大不可思议”的说法。比如“知恩院的七大不可思议”“清水寺的七大不可思议”“上贺茂·下鸭神社的七大不可思议”“北野天满宫的七大不可思议”等等。拥有日本最高五重塔的东寺，也有七大不可思议。

东寺是建造平安京的时候，为了镇守国家而在平安京正门罗城门左右两侧建立的两大官寺之一。之后由嵯峨天皇赐给空海（弘法大师）。东寺的正式名称是教王护国寺，寺院内被指定为国宝的金堂和五重塔、大师堂等井然立于其间。

东寺的七大不可思议之一是名为“猫转角”的奇特景点。以前的人们很害怕亡灵，为了镇灵想了许多办法。之所以从长冈京迁都平安京也是因为长冈京疫病、干旱、饥荒以及天皇近亲不断亡故等灾祸接连发生。因此，为了保护平安京，平安京的四个方位要有四神来守护。

东寺围墙的东南角，设有仿四神之一的白虎制作的瓦像。瓦像已于明治时代被拆毁，如今荡然无存。不过，因为瓦像看起来很像猫的形象，所以东寺东南角一直被称为“猫转角”。

为什么在这里要设置白虎像呢？白虎本应是守护平安京西方的神兽，而东寺位于平安京南边，本应放置守护南方的朱雀才对。也许就是因为这种不合理，“猫转角”不仅不是神兽保护之处，反倒成了招致灾害的魔物的住地，让京都的民众惊惧不已。

据说只要经过“猫转角”，就会发生倒霉的事情，而且，倒霉的事情因人而异。所以，即使白虎像现在已经被拆毁，载着新娘的车也尽量不经过这里。看着现在车水马龙的九条大宫十字路口，难以想象这里曾是妖魔鬼怪的栖息地。

顺便提一句，东寺的七大不可思议除此之外还有“不开门”“宝藏”“大佛殿的复制金堂”“莲华门”“瓢箪池”“天降石”等。

深草少将的怨灵——切断恶缘的菊野大明神

除了东寺的“猫转角”，举办婚礼时绝不能通过的不祥之地还有菊野大明神。中京区东面的鸭川西岸，有一座净土宗的寺院——法云寺，据说建在关白太政大臣藤原兼家的宅邸旧址上。寺院坐落在河原町二条十字路口附近的小巷里，夹在大楼之间，显得很是小巧。寺院一角的小祠堂里供奉着京都有名的断缘神灵——菊野大明神。

据说举办婚礼时如果经过菊野大明神附近，夫妻缘分便会被切断，也就是会仳离。不过对于想要切断恶缘的人来说，这里却是个难得的地方。因此，虽然是个小寺院，却是求之不得的断缘圣地。

为什么人们会认为菊野大明神有断缘的能力呢？这似乎和小町传说中的“百夜行”有很大的关系。深草少将对绝世美女小野小町一见钟情，沉迷不已，开始热烈地求爱。可是小野小町故意疏远他，想方设法给他出难题，让他放弃。她向深草少将提出了“百夜行”，即“你如果能连着一百天晚上都来我这里，我就满足你的愿望，和你在一起”。

此后，深草少将无论刮风下雨，每夜都不惧艰险，翻山越岭来见小野小町。途中，他每次都会坐在一块大石头上休息。就这样，深草少将在99天里不间断地看望小町，终于迎来了即将实现愿望的那个夜晚。

不幸的是那天下起了大雪。为了和小野小町在一起，深草少将仍然踏着深雪赶赴约定地点，最后不敌严寒，冻死在了大雪之中。距离愿望的达成仅咫尺之遥的深草少将一定心有不甘，这怨念附在他每次休息的石头上，使石头变成了灵石。

这块灵石成了菊野大明神的神体。深草少将的怨灵成了断缘的神灵，向其祈祷就能切断恶缘。因此，关系恶化想要离婚的夫妇，打算摆脱恶友的人，企图和妻子离婚的出轨男人，或者想逃避跟踪狂的人，等等，总之只要想切断恶缘，都会来这里寻求帮助。据说在20年前菊野大明神被翻新之前，祠堂内外贴满了写着怨言的愿文帖，还有钉着钉子的稻草人。

菊野大明神可以帮助人们斩断恶缘，但也可以使人求得良缘，因此前来参拜的人络绎不绝。这和举办婚礼时不要从附近经过的说法矛盾。但是，这种事情最好不要太当真。多数来此参拜的人，只是将菊野大明神看作能“求得良缘，斩断恶缘”的缘分神而已。

崇道神社为什么被称为“京都最恐怖的神社”？

高野川中游北岸，有一座供奉早良亲王(崇道天皇)的崇道神社。崇道神社位于著名灵山比叡山西麓茂密的丛林之间，据说是京都最恐怖的神社。

从地理位置上来看，这里确实是鲜有人迹的静寂之地，在神社内仿佛能感受到灵气弥漫。崇道神社之所以可怕，是因为死于非命的早良亲王的怨念太过强大。

早良亲王并非因为政治斗争失败或作恶多端而被处死，他完全是因为遭到诬陷，最终选择了自杀。所以可以想象他的内心有多么不甘。虽然已过了一千多年，但早良亲王的怨灵可能还在崇道神社四周徘徊。早良亲王是建造了平安京的桓武天皇的弟弟，按照父亲光仁天皇的遗言，被指定为桓武天皇的继任者。

桓武天皇为了排除太过强大的佛教势力，决定从平城京迁都长冈，开始着手建造长冈京。负责建都的是中纳言藤原种继，他深得桓武天皇信任，开始积极营建长冈京。然而，785 年(延历四年)，藤原种继在桓武天皇出京之时，遭到反对迁都派的大伴继人暗杀。在此暗杀事件中，除了大伴继人以外，早良亲王也受到牵连，被抓起来幽禁于乙训寺(长冈京市)，后被判处流放淡路岛。

其实，早良亲王和这起事件毫无关系。他用绝食来证明自己的清白，却无人理睬，后来在被流放途中，他怀着怨念在河内国离世。早良亲王死后，他的遗体仍被行刑，继续运往淡路岛。这个惩罚，对于早良亲王来说实在是太不人道了。因此，他的怨灵也格外强大。

据说桓武天皇想把皇位传给自己的儿子安殿亲王，而早良亲王的存在成了一大障碍，所以他才给早良亲王安了莫须有的罪名，诬陷他是暗杀事件的同谋之一。

早良亲王死后，桓武天皇的生母、皇后等近亲接连病死，儿子(安殿亲王)也得病，世间疫病流行，饥荒、洪水等天地异变接连发生。人们相信这些都是冤死的早良亲王的报复，开始举行镇魂仪式，但诅咒并没有停止。于是桓武天皇只能在迁都仅十年后，舍弃长冈京，按照中国的风水思想迁都平安京。

桓武天皇实在是太害怕早良亲王的怨灵了。迁都后的800年（延历十九年），因为早良亲王作祟，追赠其为崇道天皇。后来为了封印怨灵，又在贞观年间（859—877）修建了以早良亲王为祭神的崇道神社。这就是崇道神社被认为是京都最恐怖神社的由来。863年（贞观五年）建立的御灵神社（上御灵神社/上京区御灵前路乌丸向东）中也供奉着早良亲王。

拥有幽灵绘马的革堂的由来

京都御所东南角附近，有一座名为行愿寺的天台宗寺院。因为处于市中心，所以寺院很小，不过除了本堂外，库里[1]、钟楼、寿老人神堂等一应俱全。

面向寺町路的山门夹在住宅之间，显得有些局

---

① 库里：寺庙的办公场所。

促，但作为西国三十三座观音灵场的第十九座，进入山门参拜的人很多。

行愿寺是正式的寺名，但是“革堂”这个通称更为众人所知。革堂由行円上人开基，于1004年（宽弘元年）创建于京都御所西面的一条油小路上。现在还留有“革堂町”“革堂西町”“革堂仲之町”等地名，可以看出革堂曾经的位置。

到了中世，丰臣秀吉实施了大规模的都市改造工程，分散于京都各处的寺院被集中到了东京极，与河原町路南北平行的寺町路也是寺院集中区，众多寺院移建于此，革堂也在其列。最初革堂迁移至京都御院仙洞御所东侧的寺町荒神口，1708年（宝永五年）大火后移建至现在的位置。

那么，行愿寺为何叫作革堂呢？革堂的“革”是指剥下的动物皮，革堂之名则来源于鹿皮。创建革堂的行円上人在出家之前以狩猎为生。某日行円上人在山中射中了一头母鹿，正兴奋时，突然看到浑身是血的母鹿腹中爬出一只小鹿。这番景象让行円上人感到生命的伟大，也为自己的残酷行为懊丧不已，从此他遁入佛门，开始在比叡山的横川修行。

为了供奉母鹿，行门上人在母鹿皮上写满经文，无论寒暑，都穿着鹿皮做成的衣裳传教。从那时开始，行円上人便被称为皮圣、革上人，他所创建的行愿寺也被称为革堂。

行愿寺的山号是灵麀山，“麀”指的是母鹿，意思是供奉母鹿之灵。

但在这座革堂之中，也供奉着名为幽灵绘马①的恐怖绘马。本来绘马上画的是马的图案，但到了中世以后，除了马，也会画上各种其他图案，幽灵绘马就是其中之一。革堂之名虽然来源于母鹿之皮，但幽灵绘马上画的并非母鹿的幽灵，绘马和寺名毫无关系。

关于幽灵绘马，自古就有传说。江户时代末期，革堂附近的典当行里有一个名叫阿文的少女。她借住在典当行，在典当行做保姆。阿文把革堂的御咏歌②当作摇篮曲，并教给自己照看的孩子。但当铺老板是一名虔诚的法华宗信徒，他对此非常不满。他责备阿文不该教孩子御咏歌，但是阿文依然故我。气急败坏的当铺老板想要教训阿文一顿，却失手打死了阿文。他把阿文埋进土中，装作什么都没有发生。但是阿文的幽灵却现身于父母面前，告诉

① 绘马：寺院供人写下愿望的祈福木牌。

② 御咏歌：佛教的讲义编写成的和歌，谱曲可以歌唱。

他们事情的真相。父母向官府举报，真的从地下挖出了阿文的遗体，当铺老板这才被抓了起来。

阿文的父母厚葬了女儿，并将描绘阿文幽灵的绘马供奉在革堂，这就是幽灵绘马。在宽30厘米、高约1米的绘马上，还镶嵌了阿文生前喜欢照的镜子。每年8月22日至24日供养时，幽灵绘马和行円上人的皮衣会公开展览。

因讲授佛法而获死罪的住莲和安乐

东山三十六峰之一、如意之岳的支峰大文字山上，每年8月16日夜晚，都会举行“五山送火”仪式，目的是将盂兰盆节迎来的先祖灵魂送归冥土。在大文字山半山腰上，用柴火摆成“大”字形状，已经成为京都夏日祭典中不可或缺的一大盛事。五座山的山腰上分别有不同文字和图形的“送火”，但最初点火的就是大文字山，点火之后，熊熊燃烧的“大”字，将最先照亮京都的夜空。

大文字山的西麓，有一座举办“供养南瓜”法会（为中风者祈福）的净土宗寺院安乐寺。后白河法皇的近臣们企图讨伐平氏的鹿谷事件(“鹿谷阴谋”)就发生在附近。

安乐寺的西侧是琵琶湖疏水的水道，水道旁是被称为“哲学之道”的散步道。附近也是京都的人气观光景点，但因为银阁寺太过有名，安乐寺便显得不那么起眼了。但是，作为京都有点恐怖的隐藏名胜，安乐寺还是值得一探究竟。

关于安乐寺，流传着一个悲惨的故事。镰仓初期，净土宗开山宗师法然上人的弟子住莲、安乐二人，在大文字山西麓的鹿谷建立了念佛道场鹿谷草庵，吸引了很多信众。后鸟羽上皇的女官松虫、铃虫姐妹也在那里修行。松虫和铃虫听完住莲和安乐讲道后一心向佛，1206 年(建永元年)，在后鸟羽上皇去熊野参拜期间出家为尼。得知此事的后鸟羽上皇震怒，开始对住莲和安乐施加压力。

以此事为导火索，1207 年(建永二年)后鸟羽上皇不仅颁布了《专修念佛禁止令》，还将住莲、安乐、善绰、姓愿四位名僧处以死刑，法然、亲鸾、行空等八名僧人处以流刑。这就是“承元法难”，也称为“建永法难”。松虫和铃虫二位女官也被流放至濑户内海的小岛，在岛上度过余生。

住莲和安乐没有任何恶行，不过是劝人念佛，为众生寻觅通往幸福之路，却被判处死刑，实在让人唏嘘。两人的怨灵就算在此徘徊也并不奇怪！传说住莲和安乐在被斩首后，头颅还在继续诵念佛经，这种逸事能够流传，也说明二僧确实热心佛法。

流刑结束后回到京都的法然为了供养弟子住莲和安乐，于1212年(建历二年)重新修建了草庵，取名“住莲山安乐寺”。山号“住莲山”和寺名“安乐寺”来自弟子的名字。因为与遭到流放的松虫、铃虫姐妹有渊源，所以寺院也被称为“松虫铃虫寺”。

后来，鹿谷草庵逐渐荒废，到了江户时代初期，当地人为了吊唁二僧又修建了庙堂，这就是如今的安乐寺的由来。茅草覆顶的山门和本堂之间，有一片种满杜鹃的美丽庭园。虽然是面积不大的小寺，每到春天赏樱、秋季赏红叶的时节，游客依然络绎不绝。

本堂中安置有本尊阿弥陀像，旁边则是住莲和安乐两僧和松虫、铃虫姐妹的坐像。另外，寺院中还留有与住莲、安乐以及松虫、铃虫姐妹有关的许多宝物。寺内有住莲、安乐的供养塔，本堂东边的树林中还有松虫、铃虫姐妹的五轮石塔，向游客们讲述着那悲伤的往事。

参考文献

《为了学习日本地名学的人》(世界思想社)

《京都地名查证 1》(勉诚出版)

《京都地名查证 2》(勉诚出版)

《京都历史事典》(日本实业出版社)

《乐游京都　地名·历史事典》(PHP 文库)

《寺院神社大辞典〈京都·山城〉》(平凡社)

《京都府不可思议事典》(新人物往来社)

《京都的社寺》(淡交社)

《游历京都地名》(京都新闻出版中心)

《角川日本地名大辞典》(角川书店)

《大英百科全书》(TBS 大英百科出版)

《百科事典》(平凡社)

《世界大百科事典》(平凡社)

《日本历史大辞典》(角川书店)
《日本史事典》(旺文社)
《角川日本史辞典》(角川书店)
《日本地名缘由辞典》(创拓社)
《日本史年表》(河出书房新社)
《简易日本地名事典》(三省堂)
《广辞苑》(岩波书店)
《新日本导览　京都》(日本交通公社出版事务局)
《最新京都府都市地图》(旺文社)
《关西道路地图》(旺文社)
《最新基本地图》(帝国书院)
《好想出游地图　日本》(帝国书院)
京都市观光协会的资料与官方网站
各社寺的资料与官方网站